A^tV

WOLFGANG BÖNITZ, geb. 1931 in Elsdorf (Sachsen), studierte Maschinen- und Schiffsbau. Er lebt in Berlin und arbeitet seit seiner Pensionierung in Geschichts- und Heimatvereinen in der Umgebung von Chemnitz mit.

Wolfgang Bönitz erlebte als 12- bis 14jähriger Schüler in einer kleinen sächsischen Stadt die Auswirkungen der Luftangriffe auf Deutschland. Er wurde durch Flugzeugformationen der Royal Air Force nachts aus dem Schlaf und am Tage durch die der 8. US-Army Air Force aus dem Unterricht gerissen. Abstürzende Flug-zeuge, gefangene Angehörige der alliierten Besatzun-gen, Bombenfehlwürfe, Kelleraufenthalte, das Warten auf den Entwarnungston der Sirenen, die Aufnahme von Evakuierten, »kinderlandverschickten« Schulklas-sen und ausgebombten Obdachlosen, die Verlagerung eines Industriebetriebes aus Berlin in eine »nicht kriegs-wichtige« Fabrik in seinem Heimatort sind ihm bis heute in Erinnerung geblieben. In seinem Buch infor-miert er über den Aufbau der Deutschen Luftwaffe, über deren erste Einsätze in Spanien (u. a. in Guer-nica) und die Bombardierung von Warschau, Rotter-dam, Coventry. Ausführlich schildert der Autor die alliierten Luftangriffe auf militärische und zivile Ziele in Deutschland und ihre furchtbaren Auswirkungen auf die Bevölkerung. Die faktenreiche Darstellung stützt sich auch auf Briefe und Berichte von Überle-benden.

Wolfgang Bönitz

Feindliche Bomberverbände im Anflug

Zivilbevölkerung im Luftkrieg

Aufbau Taschenbuch Verlag

Mit 21 Abbildungen

ISBN 3-7466-8105-7

1. Auflage 2003
© Aufbau Taschenbuch Verlag GmbH, Berlin 2003
Umschlaggestaltung gold, Fesel/Dieterich
unter Verwendung des Fotos »US-Bomberverband
über Berlin« 1944, akg-images
Satz LVD GmbH, Berlin
Druck Ebner & Spiegel, Ulm
Printed in Germany

www.aufbau-taschenbuch.de

Inhalt

Vorwort

Den Luftkrieg in seinen größten Dimensionen, also zwischen 1943 und 1945, erlebte ich als 12 bis 14jähriger Schüler in einer kleinen sächsischen Stadt. Wenn auch die Angriffe nicht unserer Gegend gegolten haben, so wurden wir doch durch die Verbände der Royal Air Force (RAF) nachts aus dem Schlaf und am Tage durch die der 8. US-Army Air Force (USAAF) aus dem Unterricht gerissen. Abstürzende Flugzeuge, gefangene Angehörige der alliierten Besatzungen, Bombenfehlwürfe, Kelleraufenthalte, das Warten auf den Entwarnungston der Sirenen, die Aufnahme von Evakuierten, »kinderlandverschickten« Schulklassen und ausgebombten Obdachlosen, die Verlagerung eines Industriebetriebes aus Berlin in eine »nicht kriegswichtige« Fabrik in meinem Heimatort habe ich in lebhafter Erinnerung behalten. Daraus ist der Wunsch entstanden, vor allem für meine Enkel und ihre Altersgefährten diese schlimme Zeit zu beschreiben. Um einen möglichst umfassenden und plastischen Eindruck vom Alltag im Krieg und den Bedingungen, die der Luftterror der deutschen Zivilbevölkerung auferlegte, zu vermitteln, stützt sich meine Darstellung nicht nur auf Dokumente, sondern auch auf Schilderungen Betroffener.

Mein Dank gilt all denen, die mein Anliegen unterstützten, besonders den Archiven der Städte Essen, Kassel, Rostock, Kiel, Bremen, Hamburg, Leipzig, Chemnitz, Magdeburg, Nordhausen, Potsdam, Halberstadt, dem Ruhrlandmuseum Essen, dem NS-Dokumentationszentrum Köln, und hier besonders Herrn Gebhard Aders, dem Statistischen Amt der Stadt Köln und dem Schloßbergmuseum Chemnitz.

Mein besonderer Dank gilt Herrn Hans-Werner Mihan, Potsdam, für seine wertvollen Hinweise und die hilfreiche Durchsicht des Manuskriptes.

Ebenso bedanke ich mich bei Herrn Dr. Horst Boog, dem Nestor der deutschen Luftkriegshistoriker, für seine kritische Begleitung und viele Anregungen.

Ich habe weiterhin Anlaß, meinen vormaligen Kollegen vom ABB-Energieanlagenbau Dresden, Niederlassung Berlin, für die vielfältige und jederzeit selbstverständliche Hilfe zu danken.

Berlin, im Juni 2003   *Wolfgang Bönitz*

Wie es begann

Um die Jahrhundertwende nahm der Luftschiffbau eine stürmische Entwicklung, die vor allem durch die parallele Entwicklung leistungsfähiger Motoren vorangetrieben wurde. Fortschritte in der Zeppelinentwicklung und später auch im Flugzeugbau wurden besonders in Deutschland und Frankreich möglich, da die industriellen Voraussetzungen hier am weitesten gediehen waren. Aufgrund der Fortschritte und der sich daraus ergebenden Möglichkeiten militärischer Nutzung verschärfte sich die Konkurrenz beider Zweige der Luftfahrt. Insbesondere die deutschen Militärs setzten im ersten Jahrzehnt des 20. Jahrhunderts auf den Zeppelin und unterschätzten dabei die technische Entwicklung der Flugzeuge. So kam es, daß Frankreich im Jahre 1911 bereits 36 einsatzbereite Flugzeuge besaß und Deutschland nur fünf. Dafür hatte Deutschland neun Luftschiffe und Frankreich nur drei.

Die deutsche Großindustrie erkannte die Möglichkeiten der militärischen und zivilen Nutzung von Flugzeugen viel eher als die militärische Führung, die es zuließ, daß 1912 die französische Armee ihren Vorsprung auf 259 Flugzeuge ausbaute und die deutsche Armee lediglich 46 besaß. Sogar das industriell rückständige Rußland verfügte zu dieser Zeit schon über 99 Militärflugzeuge.

Die politische Situation, die auch einen Krieg nicht mehr ausschloß, verschärfte sich zwischen den führenden europäischen Ländern zusehends. Während der italienisch-türkischen Auseinandersetzungen des Jahres 1911, in deren Verlauf Italien Teile des heutigen Libyens und den Dodekanes annektierte, setzte das italienische Militär Bombenflugzeuge ein. Die Erfolge dieser neuen Waffe waren aber gering, denn die Flugzeuge waren in ihrer Tragfähigkeit sehr begrenzt und die Bomben zwangsläufig sehr klein. Überdies waren Piloten und Bombenschützen noch völlig unerfahren. Von Treffergenauigkeit konnte keine Rede sein. Dennoch führten die bis zu diesem Zeitpunkt in der Militärwelt gesammelten Erkenntnisse dazu, daß Großindustrie und Generalstab in Deutschland ab 1912 in einer gemeinsamen Aktion die Grundlagen für den nunmehr äußerst zügigen Ausbau der Flugzeugindustrie legten. Der finanzielle Aufwand erreichte im europäischen Maßstab in kurzer Zeit Spitzenwerte, wodurch der französische Vorsprung ausgeglichen werden konnte. Im ersten Kriegsjahr kam es sogar zu einer deutschen Luftüberlegenheit, die wegen der im Vergleich geringeren Verfügbarkeit von Ressourcen jedoch nicht aufrechtzuerhalten war.

In Deutschland, einschließlich Österreich-Ungarn, wurden bis 1918 ca. 53 000 Flugzeuge produziert, während die Entente, einbezogen Großbritannien, Frankreich, Italien, Rußland und die USA, 138 000 Maschinen einsetzen konnte. Das brachte die deutschen Luftstreitkräfte am Ende völlig in die Defensive, aus der heraus sie allerdings zeitweilig sehr erfolgreich operierten.

Um den Krieg zu gewinnen, ließen alle kriegführenden Parteien ihre moralischen Bedenken fallen und setzten ihre Luftstreitkräfte auch gegen die Zivilbevölkerung des Gegners ein. Besonders wenig Rücksicht zeigte dabei die deutsche Seite. Mit dem Ziel, das tiefe ungeschützte Hinterland zu treffen, flogen deutsche Zeppeline schon 1914 die britische Ostküste an. Im Jahr 1915 wurden 50 Einsätze geflogen und 35 Tonnen Bomben abgeworfen, die 208 Briten töteten und 531 verletzten. 1916 nahmen diese Aktivitäten zunächst stark zu, bis die verbesserte Effektivität der britischen Luftabwehr im dritten Kriegsjahr die völlige Einstellung dieser Angriffe Ende 1916 erforderte. Die restlichen Luftschiffe dienten seitdem nur noch zur Fernaufklärung für die Marine.

Inzwischen war die Flugzeugentwicklung soweit gediehen, daß Bombenflugzeuge Fernangriffe durchführen konnten. Von Mai bis August 1917 wurden gegen London acht Angriffe geflogen, von denen der des 13. Juni der verheerendste war. Er erfolgte am Tag und führte zu panikartigen Zuständen in der Hauptstadt. Allein in einer Schule wurden 46 Kinder getötet. Die britische Öffentlichkeit stand unter Schock und verlangte mit großem Nachdruck die bessere Verteidigung und Verstärkung des Luftschutzes, aber auch Vergeltungsangriffe gegen die deutsche Zivilbevölkerung.

Bald operierten die britische Flakabwehr und die eingesetzten Jagdflugzeugen so erfolgreich, daß nur noch Nachtangriffe geflogen wurden. Die Verlustrate blieb dennoch hoch: Von 259 Bombern, die vom September 1917 bis zum August 1918 zum Einsatz kamen, wurden 63 abgeschossen.

Deutschland war seit Beginn des Krieges Luftangriffen ausgesetzt. Britische und französische Luftstreitkräfte bombardierten vor allem Industriegebiete in Lothringen, das von 1870 bis 1918 unter deutscher Herrschaft war, sowie Gegenden um Mannheim, Köln und Freiburg. Die Verluste waren 1918 relativ hoch, weil die materiellen und personellen Voraussetzungen für eine erfolgreiche Abwehr und den Schutz der Zivilbevölkerung nicht mehr vorhanden waren.

Die Luftangriffe richteten auf beiden Seiten im Vergleich zu sonstigen Kriegshandlungen recht geringe Schäden an, doch sie bewirkten eine entscheidende Veränderung: Der Krieg fand nicht mehr ausschließlich an einer Front statt und war nicht mehr eng auf die unmittelbar betroffenen Territorien begrenzt, sondern konnte jederzeit ohne vorherige Warnung weit in das ungeschützte friedliche Hinterland getragen werden. Die neuen Möglichkeiten zur Vermeidung des Stellungskrieges und zur Minderung der eigenen Verluste regten die Phantasie der Militärstrategen an – mit all den schrecklichen Folgen, die wir seither zu verzeichnen haben.

In Großbritannien wurde zur Koordinierung aller Aktivitäten der britischen Luftstreitkräfte aus dem Royal Flying Corps und dem Royal Naval Air Service die RAF gebildet mit der selbständigen und nicht der Armee unterstellten Independent Air Force. An ihrer Spitze stand Generalmajor Hugh Trenchard, ein Mann, der sich durch militärische Entschlossenheit und strategisches Können auszeichnete, aber auch durch eine gewisse Skrupellosigkeit, die seine Vorgesetzten vom Inhaber dieses Amts erwarteten. Im Frühjahr 1919 sollten die britischen Fernfliegereinheiten

so weit ausgebaut sein, daß Berlin mit schweren Luftangriffen überzogen werden konnte. Dabei sollte Giftgas zum Einsatz kommen. Das Vorhaben stellte eine
Mißachtung aller geltenden völkerrechtlichen Regeln
dar. Schon in den Grabenkämpfen in Frankreich hatten beide Seiten Giftgas eingesetzt, die Hemmschwelle
war also ohnehin gering. Man muß deutlich sagen: Die
deutschen Militärs waren die ersten, die einen umfassenden Luftkrieg gegen die Zivilbevölkerung nicht
scheuten und damit den Militärstrategen ihrer Gegner willkommenen Anlaß gaben, genauso oder noch
schlimmer zu verfahren.

Die Entwicklung der Strategien

Die enormen Fortschritte des fliegerischen Potentials während des Ersten Weltkrieges erstreckten sich auf die Technik, die Organisation, das Können der Piloten, die Fähigkeiten des Bodenpersonals und vor allem auf die Entwicklung der Flugzeuge selbst. Der Einfluß auf die Kampfhandlungen der Bodentruppen war im Verlaufe des Krieges stark gewachsen, eine wirksame Operation der Streitkräfte ohne Einsatz von Flugzeugen schien am Ende des Ersten Weltkrieges nicht mehr denkbar. Zwangsläufig befaßten sich die Generalstäbe der industriell am weitesten entwickelten Länder nach dem Krieg eingehend mit den strategischen Schlußfolgerungen. Da jeder künftige Krieg einen umfassenden Charakter annehmen würde, räumten Militärtheoretiker den Luftstreitkräften einen wichtigen Platz im Kräftespiel ein.

Schon gegen Ende des Weltkrieges hatte der italienische Fliegeroffizier **Giulio Douhet** seinen militärischen Vorgesetzten entsprechende Planspiele vorgelegt. Diese hingen noch der traditionellen Kriegführung an und lehnten Douhets Vorschläge grundsätzlich ab. Douhet ließ sich davon nicht beeindrucken und veröffentlichte seine Ideen erstmals in dem 1921 erschienenen Buch »Die Luftherrschaft«. Er hatte die Bedeutung des Hinterlands als Basis für die Aufrechterhaltung des militärisch verfügbaren Potentials klar erkannt und vertrat die Ansicht, es sei leicht und wirkungsvoll zu treffen und müsse das eigentliche Ziel von Luftangriffen sein. Der zweite Kernpunkt seiner Theorie war, der Luftkrieg sei sehr viel billiger als der konzentrierte Land- und See-Einsatz zu gestalten, außerdem sei die Zivilbevölkerung dadurch schneller zu demoralisieren. Douhet hielt den Abwurf von Giftgasbomben für notwendig und sogar für »verdienstvoll«. Er legte recht realistisch dar, welche Parameter zukünftige Kampfflugzeuge erfüllen müßten.

Douhet fand bei den Militärstrategen der anderen europäischen Mächte sowie der USA großen Widerhall, die keine Bedenken gegen die Einbeziehung der Zivilbevölkerung in die Luftangriffe hatten.

Nach dem Krieg war die Produktion von Kampfflugzeugen sehr stark dezimiert worden. Nicht nur wegen der notwendigen Reduzierung der Rüstungskosten, sondern vor allem, weil die Land- und Seestreitkräfte ihre Priorität in der militärischen Strategie wieder durchsetzen konnten. So sank die Zahl der einsatzbereiten Maschinen bei der RAF von 1918 bis 1920 auf etwa ein Zehntel. Sie stieg erst 1932 wieder auf 30 % des ursprünglichen Bestandes.

Die technische Entwicklung der Flugzeuge konzentrierte sich in den frühen 20er Jahren fast ausschließlich auf die zivile Luftfahrt, die zum Ende des Jahrzehnts einen gewaltigen Entwicklungsschub verzeichnete. Durch spektakuläre Leistungen, wie den ersten Ozeanflug von Charles Lindbergh im Mai 1927, erregte sie das Interesse einer breiten Weltöffentlichkeit.

Aufmerksam verfolgte auch die Reichswehr die

weitere Entwicklung. Man mußte es zunächst beim Beobachten belassen, denn im Vertrag von Versailles war den Deutschen die Produktion und Entwicklung von Kampfflugzeugen strikt verboten worden, und die Siegermächte achteten streng auf die Einhaltung dieser Auflage.

Die britischen Luftstreitkräften setzten ihre im Ersten Weltkrieg gewonnenen strategischen Kenntnisse 1922 gegen den Irak ein. Bei diesen Angriffen ging es darum, das Mandatssystem im Irak aufrechtzuerhalten, um die eigenen Interessen am Erdöl im Nahen Osten zu sichern.

Diese Luftangriffe verliefen für die britischen Angreifer so befriedigend, daß Winston Churchill und Hugh Trenchard der RAF die gesamte Verantwortung für die Herstellung der gewünschten Ordnung übertrugen. Eine entscheidende Rolle bei der militärischen Durchsetzung spielte der Chef der 45. Lufttransportstaffel, Arthur Harris, der im Zweiten Weltkrieg so große und zwiespältige Bedeutung als Oberbefehlshaber des Bomber Command erlangen sollte. Er kam auf die Idee, die vorhandenen Transportmaschinen für den Bombenabwurf umzurüsten, obwohl sie für Präzisionsabwürfe nicht geeignet waren. Da es auf eine möglichst große Schreckenswirkung ankam, war die Genauigkeit der Treffer von geringerem Belang. Die britischen Militärs hatten einkalkuliert, daß die Einwohner bei einem Angriff fliehen würden und Zeitbomben zum Abwurf gebracht. Sie explodierten erst, wenn die Flugzeuge weggeflogen waren. Die Verluste unter der Zivilbevölkerung sollen sehr hoch gewesen sein.

Der britische Historiker Liddell Hart behauptete

1925 in einem Zeitungsartikel, daß ein hart und kraftvoll geführter Luftkrieg zugleich human sein könne, da die Kämpfe dadurch auf ihre Anfangsaktivitäten zu begrenzen wären. Der Gegner solle moralisch und mit dem geringstmöglichen Schaden an Leben und Industrie unterworfen werden, denn der Feind von heute sei der Kunde von morgen.

In Deutschland mußte der Flugzeugbau zunächst nur auf die Entwicklung der Zivilluftfahrt setzen. Doch die Luftfahrtindustrie wollte nicht auf Dauer auf Staatsaufträge für den Bau von Kriegsflugzeugen verzichten. In Denkschriften an die Regierung, an einflußreiche Kreise der Wirtschaft und an die Führung der Reichswehr machte sie ihre Forderungen geltend. Zunächst ohne viel Erfolg. Lediglich einige Zuschüsse zur Entwicklung der Technik und zur Ausbildung von Piloten konnten erwirkt werden. Die Reichswehr beschränkte ihr Interesse auf Aufklärungsflugzeuge zur Unterstützung von Bodentruppen.

Das alles änderte sich 1933 grundlegend. Noch am 30. Januar 1933, dem Tag der Machtübernahme durch Adolf Hitler, wurde Hermann Göring zum Reichsluftfahrtminister in der neuen Regierung ernannt und Erhard Milch, einer der Chefs der Deutschen Lufthansa, zu seinem Stellvertreter. Sofort wurden sehr großzügig Mittel bereitgestellt, um vor allem Bomber zu produzieren. Die Planer des kommenden Krieges folgten weitgehend Douhets Empfehlungen und bereiteten die Führung eines Fernluftkrieges gegen die Zivilbevölkerung feindlicher Länder vor. Ihre Gedanken über die Grundlagen künftige Luftkriegsführung wurden von interessierten Kreisen aus Wehrmacht und Industrie gebilligt. Eines der bedeutendsten Strategiepapiere verfaßte Robert Knauss 1933 im Auftrag von Erhard Milch.[1] Knauss schlug vor, die Bevölkerung der Städte mit Bomben zu terrorisieren, die feindlichen Streitkräfte während oder noch vor der Mobilmachung zu zerstören und die kriegswichtigen Industrien weitgehend lahmzulegen. Auch über die Angriffsziele hatte er bereits konkrete Vorstellungen: zuerst Frankreich und Polen, danach Belgien und die Tschechoslowakei. Das alles wurde schon 1933 geplant! Die nationalsozialistische Führung und die sie unterstützende militärische Elite plagten keine Skrupel.

Die Proben

Nachdem die Entwicklung der Flugzeugtechnik, die Organisation und die Ausbildung der Mannschaften Mitte der 30er Jahre einen guten Stand erreicht hatte, war zur Erprobung und Weiterentwicklung nichts geeigneter als eine militärische Auseinandersetzung. Die späteren »Achsenmächte« Italien, Japan und Deutschland schufen sich Gelegenheiten, um ihre Luftkriegstechnik an schwächeren außenpolitischen Gegnern zu erproben.

Im Oktober 1935 hatte Italien gegen das noch von keiner europäischen Kolonialmacht unterworfene **Äthiopien** einen Eroberungsfeldzug begonnen. Die italienischen Truppen erzielten erst Erfolge, als ihre Luftstreitkräfte auf 330 Flugzeuge, davon 250 Bomber, verstärkt wurden. Der Krieg dauerte sieben Monate, in deren Verlauf 7500 Einsätze geflogen wurden, die meisten gegen die Zivilbevölkerung. Die Italiener warfen u. a. große Mengen von Senfgasbomben ab, die zu Verätzungen mit vielfach tödlichem Ausgang führten. Brunnen, Viehherden und Lebensmittel wurden vernichtet.

Die äthiopische Armee konnte den Angriffen militärtechnisch nichts entgegensetzen, bei den Auseinandersetzungen in China und in Spanien war dies ganz anders. Im Juli 1937 hatte Japan **China** angegriffen, um es in den Status einer abhängigen Kolonie zu zwingen. Die japanischen Kampffliegereinheiten bombardierten chinesische Großstädte und wurden zu ihrer großen Überraschung von starken und erbittert kämpfenden chinesischen Jagdfliegerverbänden empfangen. Die japanischen Flugzeuge hatten zunächst keinen Jagdfliegerschutz und erlitten erhebliche Verluste. Erst als die japanische Militärführung ihre Taktik änderte und selbst mit starken Jagdfliegerverbänden operierte, errang sie die Luftherrschaft über China.

Während der länger währenden Bombardierung des chinesischen Hinterlandes, vor allem des chinesischen Regierungssitzes **Chongqing,** wurden die japanischen Flieger hartnäckig und erfolgreich durch chinesische Jagdflugzeuge attackiert. Die Verluste der Japaner blieben hoch.

Die Militärstrategen in den Ländern mit einer entwickelten Luftwaffe verfolgten diesen Krieg mit größtem Interesse. Am intensivsten wurden diese Erfahrungen in Deutschland und Italien ausgewertet, galt es doch, Schlußfolgerungen für die beabsichtigten Einsätze in Europa zu ziehen. Als General Franco im Juli 1936, von Marokko ausgehend, den Kampf um die Macht in **Spanien** begann, waren Deutschland und Italien in die Auseinandersetzungen im Südwesten Europas einbezogen. Die deutsche Luftwaffe hatte durch den Transport von 15 000 spanischen Söldnern und 270 Tonnen Kriegsmaterial von Spanisch-Marokko nach Spanien die Voraussetzungen für das Gelingen des Putsches geschaffen. Kurz darauf wurde die Legion Condor, eine Kampforganisation deutscher Flieger mit insgesamt 130 Flugzeugen, aufgestellt. Sie trug entscheidend zur Niederlage der Republik bei.

Die Legion hatte die damals besten deutschen Kampfflieger und die gesamte unterstützende Logistik der Luftwaffe zu ihrer Verfügung und wurde während des spanischen Bürgerkriegs stets auf gleicher Kampfkraft gehalten.

Zahlenmäßig noch stärker waren die italienischen Luftstreitkräfte an der Durchsetzung des Putsches beteiligt. Sie setzten 730 Flugzeuge und insgesamt 6000 Mann Personal ein. Die ursprüngliche Luftüberlegenheit der regulären spanischen Streitkräfte wurde dadurch recht schnell gebrochen. Von Oktober 1936 bis Januar 1937 bombardierten die Flugzeuge aus Deutschland und Italien **Madrid,** den Sitz der spanischen Regierung, erbarmungslos und ohne jede Rücksicht auf die Zivilbevölkerung. Man registrierte in diesem Zeitraum allein 2500 tote Zivilisten.

1937 rüstete die deutsche Luftwaffe die Legion Condor mit den neuesten Flugzeugtypen aus. Die alten Maschinen wurden den spanischen Putschisten übergeben. Die Wirkung der neuen wurde sofort getestet. Am 26. April 1937 bombardierten sie über mehrere Stunden hinweg das Zentrum von **Guernica,** einer kleinen Stadt mit 18 000 Einwohnern.[2] 1645 Menschen – mehr als 9 % der Stadtbevölkerung – starben. Offizielles Ziel dieses Angriffs war eine Brücke am Rande der Stadt, um zwei regierungstreuen Bataillonen den Rückweg abzuschneiden. General von Richthofen behauptete danach, der Wind und die schlechte Sicht seien schuld an der hohen Zahl der zivilen Opfer gewesen. Unabhängig vom Wahrheitsgehalt dieser Behauptung hatten die Militärs die Verhältnismäßigkeit der Mittel sträflich mißachtet.

Picasso nannte unmittelbar darauf sein weltbekanntes

erschütterndes Bild für die Weltausstellung in Paris »Guernica«. Auf die Frage eines deutschen Besuchers *»Haben Sie das gemacht?«* soll er geantwortet haben: *»Nein, Sie!«*

Als die Legion Condor im März 1938 auch Barcelona bombardierte, waren 6000 Zivilisten zu begraben.

Die neuen technischen Möglichkeiten des Luftkriegs waren Ende der dreißiger Jahre in allen Staaten, die über Fliegerkräfte verfügten, erprobt worden. Die Kampfeinsätze der Zwischenkriegszeit hatte man zwecks Verbesserung der eigenen Strategie intensiv analysiert. Militärexperten westlicher Industrienationen hatten am Vorabend des Zweiten Weltkrieges im allgemeinen wenig Hemmungen, Bomben gegen die Zivilbevölkerung einzusetzen. Als Hitler im März 1939 dem damaligen Präsidenten der Rest-Tschechoslowakei, Emil Hacha, in der Berliner Reichskanzlei klarmachte, daß er von ihm den Verzicht auf die Souveränität seines Landes erwartete, scheute sich der anwesende Göring nicht, die Bombardierung von Prag für den nächsten Tag anzudrohen, wenn Hacha nicht sofort auf Hitlers Forderungen eingehe. Die Bombardierung war nicht notwendig; Hacha kapitulierte. Aber hätte Göring gezögert, den Angriff auszulösen?

Am 1. September 1939 erteilte Hitler den Angriffsbefehl gegen **Polen.** Nun konnte die deutsche Luftwaffe ihre bereits gesammelten Erfahrungen anwenden, besonders bei den Angriffen auf **Warschau.** In wenigen Tagen warfen deutsche Flugzeuge fast 6000 Tonnen Bomben auf die vor Fliegerangriffen nahezu ungeschützte polnische Hauptstadt ab – ein Drittel aller

Bomben, die im sogenannten Polenfeldzug fielen. Wie schon im spanischen Bürgerkrieg wurde die Zivilbevölkerung zum Angriffsziel. Die Nichtbeachtung der Verhältnismäßigkeit der Mittel bestimmte auch die späteren Angriffe. Es starben viel mehr Zivilisten als Soldaten. Die deutsche Führung setzte so Zeichen, die fortan den Charakter des Luftkrieges bestimmen und sich dann so grausam gegen die deutschen Städte richten sollten.

In vielen Dokumentationen werden diese Angriffe der Luftwaffe, besonders die auf Warschau, mit dem Hinweis auf ihre gesamtstrategische Bedeutung entschuldigt. Tatsächlich wollte Polen seine Hauptstadt verteidigen, und noch in den letzten Tagen vor dem Bombardement wurden die dortigen polnischen Truppen durch Verbände verstärkt, die aus dem Kessel an der Bzura ausgebrochen waren. Die Angriffe auf die Zivilbevölkerung waren jedoch schon mit dem Vorbefehl vom 1. September angeordnet und am 10. September konkretisiert worden: *»[...] es kommt darauf an, bei dem ersten Angriff weitgehende Zerstörungen in den dicht besiedelten Stadtteilen zu erreichen.«*[3] Fliegergeneral v. Richthofen empfahl am 22. September 1939, *»die völlige Zerstörung Warschaus anzustreben und die Brand- und Terrorangriffe als groß angelegten Versuch auszunutzen«*. Er folgte damit den Grundsätzen, die Hitler am 22. August in der Wohnhalle des Berghofes auf dem Obersalzberg seinen militärischen Befehlshabern vorgetragen hatte: *»Der Weg für den Soldaten ist frei. Der Krieg muß brutal geführt werden. Herz ist gegen Mitleid zu verschließen. So habe ich – einstweilen nur im Osten – meine Totenkopfverbände bereitgestellt mit dem Befehl, unbarmher-*

zig und mitleidlos, Weib und Kind polnischer Abstam-
mung und Sprache in den Tod zu schicken[…]« In den
Karten für die konkreten Angriffsoperationen waren
die besonders von jüdischen Einwohnern besiedelten
Stadtteile gekennzeichnet.

Es dürfte noch einen weiteren Grund für den Luftangriff am 25. September 1939 gegeben haben. Entsprechend dem am 23. August 1939 mit Stalin ab-
geschlossenen Pakt, der auch die Liquidierung des
polnischen Staates vorsah, näherten sich seit dem
17. September Truppen der Roten Armee von Osten
her. Hitler befahl, wohl nervös geworden, eine Be-
schleunigung der militärischen Aktivitäten. Er wollte
sicher vermeiden, daß die polnischen Truppen vor
den Sowjets kapitulieren.

Dank der beispiellosen Aufrüstung seit 1933 war
die deutsche Luftwaffe – hinsichtlich der Qualität der
Flugzeuge, des Ausbildungsstandes der Besatzungen
und der strategischen Vorbereitung   die beste der
Welt. Die britischen und vor allem die französischen
Luftstreitkräfte konnten sich keinesfalls mit ihr mes-
sen. So war es auch nicht verwunderlich, daß in den
Feldzügen gegen die neutralen Länder Holland und
Belgien und gegen Frankreich, die am 10. Mai 1940
begannen, die deutsche Luftwaffe unverzüglich die
Luftherrschaft errang. Besonders der Widerstand der
beiden kleinen neutralen Länder, **Holland** und **Belgien,** war schnell gebrochen.

Bei dem Angriff auf **Rotterdam**[4] am 14. Mai 1940,
der sich, nach offizieller Darstellung, gegen die strategisch wichtigen Maasbrücken richten sollte, wurde
vorwiegend das Stadtzentrum und die Zivilbevölkerung getroffen. Die Stadt wurde nahezu völlig zer-

stört. Daß es zu dem Angriff kam, lag nicht zuletzt an einer verhängnisvollen Verkettung unglücklicher Umstände. Am Morgen des 14. Mai hatte die deutsche Seite den holländischen Stadtkommandanten aufgefordert, bis mittags 12.30 Uhr zu kapitulieren. Dessen Truppen standen zwar strategisch günstig, um den deutschen Vormarsch nach Norden aufzuhalten, dennoch war ihm klar, daß er diese Stellungen auf Dauer nicht halten konnte. Er versuchte Zeit zu gewinnen. Da wies Göring persönlich den Angriffsbefehl an. Während des Anfluges der deutschen Verbände erklärte sich der holländische Kommandant zur Kapitulationsverhandlung bereit. Über Funk waren die einhundert gestarteten Flugzeuge nicht mehr zu erreichen, da sie ihre Antennen schon eingezogen hatten. Die vom Boden abgeschossenen Leuchtraketen konnten nur von einer der beiden Kampfformationen erkannt und gedeutet werden. 43 Flugzeuge drehten rechtzeitig um, aber 57 warfen ihre Bombenlast ab. Die 97 Tonnen Sprengbomben führten in den winkligen Gassen der Altstadt von Rotterdam, das damals 600 000 Einwohner hatte, zu einem Großfeuer. Die Innenstadt brannte völlig aus. Darüber hinaus wurden die Öltanks im Hafen getroffen, und gleich die ersten Bomben zerstörten das Hauptwasserrohr der Stadt. Löscharbeiten wurden so unmöglich gemacht. 980 Einwohner von Rotterdam verbrannten in ihren Häusern, wurden von den Bomben zerrissen oder von den Trümmern begraben. 78 000 Menschen wurden obdachlos. Wie hätte das Ergebnis erst ausgesehen, wenn auch der zweite, fast gleich große Kampfverband seine Bombenlast abgeworfen hätte?

Rotterdam wurde kurz nach dem Angriff Journalisten aus vielen Ländern ohne Scheu gezeigt – ein Anschauungsobjekt für die Fähigkeiten und den Willen der deutschen Luftwaffe, und wohl auch eine Warnung! Unter den deutschen Soldaten, die Rotterdam nach dem Angriff sahen, empfanden einige, daß hier eine Grenze überschritten worden war und dies nachhaltige Folgen haben würde. Ein Soldat aus Essen schrieb in einem Brief vom 15. Juni 1941: *»[...] von einer Stadtfläche wie Essen-Borbeck stehen vielleicht noch zehn Häuser, sonst ist alles dem Erdboden gleich. Mit stummem Schweigen durchfuhren wir per Zug, in dem auch Holländer waren, die Gegend und bekamen erst später langsam die Sprache wieder. Hier ist ein Haß gezüchtet worden, der über Generationen anhalten wird.«* Diese Einschätzung erwies sich als zutreffend. Der Angriff auf Rotterdam wurde ein wichtiges Argument für die Begründung einer neuen britischen Luftkriegsstrategie.

Am 28. April 1940 hatten das britische Luftfahrtministerium und der Air Staff beschlossen, eine Bomberoffensive nur dann zu beginnen, wenn die deutschen Truppen in die neutralen Staaten Belgien, Holland und Luxemburg einmarschieren sollten. Am 15. Mai 1940 hob der wenige Tage zuvor zum Premierminister ernannte Winston Churchill das Verbot einer Bombardierung deutscher Städte auf. Aus dem Luftkrieg sollte ein Massaker werden, angerichtet, um Rache für zerstörte Städte und getötete Menschen zu nehmen. Die Rücksichtnahme auf die Zivilbevölkerung, die während der ersten Kriegsmonate in den Auseinandersetzungen zwischen Deutschland und Großbritannien noch gewahrt wurde, war auf beiden

Seiten allein der Angst vor der Reaktion des Gegners geschuldet gewesen.

Die deutsche Kriegspropaganda hatte den Luftangriff auf das zivile, unbefestigte Rotterdam u. a. mit einer angeblichen Terrormaßnahme französischer Flieger gegen **Freiburg im Breisgau** gerechtfertigt. Dabei hatten deutsche Luftstreitkräfte die Stadt am 10. Mai 1940 bei einem Angriff, der Dijon gelten sollte, bombardiert.[5] Unter den 57 Toten befanden sich 21 Kinder, die auf einem Spielplatz überrascht wurden. Den von seinen eigenen Militärs zu verantwortenden »Kindermord von Freiburg« benutzte Hitler skrupellos, um die deutschen Bombenangriffe auf westeuropäische Städte als »Vergeltungsangriffe« zu rechtfertigen. Im Juni 1940 traf diese »Vergeltung« die Bevölkerung von Paris, Dijon, Lyon und St. Etienne, um die Kapitulation Frankreichs schneller herbeizuführen.

Nach dem Zusammenbruch der Westfront im Juni 1940 und dem Debakel britischer Truppen bei Dünkirchen unterstützte die deutsche Luftwaffe die vorgesehene Landung auf der britischen Insel. Bis in die zweite Augusthälfte hinein waren ausschließlich militärische und industrielle Objekte das Ziel der deutschen Angriffe. In einer neuen Weisung vom 20. August gab das OKL dann die Bombardierung *aller Ziele – mit Ausnahme Londons* – frei.

Insbesondere an die »Luftflotte 3« erging der Auftrag, durch Nachtangriffe im südlichen Großbritannien die Zivilbevölkerung zu demoralisieren. Die sehr schweren Angriffe auf **Ramsgate, Liverpool** und **Bristol** in der Woche nach dem 24. August 1940 stellten den eigentlichen Beginn der Angriffe auf die

Zivilbevölkerung dar. Die britische Luftverteidigung mußte in dieser Zeit vor allem durch die deutschen Angriffe auf Feldflugplätze große Verluste verzeichnen.

London war zunächst verschont geblieben, man wollte die Wirkung der ersten Angriffe abwarten. Wegen eines Navigationsfehlers – das eigentliche Ziel war ein Flugzeugwerk in Rochester – fielen in der Nacht vom 24. zum 25. August 1940 unbeabsichtigt Bomben weit verstreut auf das Gebiet der britischen Hauptstadt. Churchill verlangte daraufhin vom Bomber Command unverzüglich einen Gegenangriff auf Berlin. Er setzte sich gegenüber seinen Luftkriegsexperten durch, die sich militärisch von einem solchen Einsatz gar nichts versprachen. Die Spirale nahm ihren folgenschweren Verlauf. In der folgenden Nacht bombardierten 22 von 81 gestarteten britischen Flugzeugen Berlin. In den Nächten bis zum 1. September wurden insgesamt 66,2 Tonnen Sprengbomben und 3022 Brandbomben zu 4 lb. abgeworfen.[6]

Mit diesen Angriffen wollte Churchill den Durchhaltewillen der Briten stärken, und das war dringend notwendig. Seit seinem Amtsantritt hatte er sie nur auf Niederlagen einstimmen können: die Kapitulation Hollands, Belgiens, der Fall von Paris und die Kapitulation seines stärksten Verbündeten Frankreich. Zudem hatten in der Zeit vom 10. Juli bis zum 31. August schon 1333 britische Zivilisten ihr Leben durch die deutschen Luftangriffe eingebüßt. Churchill zog Konsequenzen aus den Erklärungen seiner Militärstrategen: Zur Zeit sei nur die RAF in der Lage, Deutschland eine Antwort zu geben!

Hitler gehörte zu den intensivsten Befürwortern

des Bombenkrieges gegen die britische Zivilbevölkerung. Albert Speer erinnert sich an das folgende Tischgespräch:

»In Hamburg war (1943) das erste Mal das eingetreten, was Hitler und Göring sich 1940 für London ausgedacht hatten. Bei einem Abendessen in der Reichskanzlei hatte sich Hitler damals zunehmend in einen Zerstörungsrausch hineingeredet: Haben Sie einmal eine Karte von London angesehen? Es ist so eng gebaut, daß ein Brandherd allein ausreichen würde, die ganze Stadt zu zerstören, wie schon einmal vor 200 Jahren. Göring will durch zahllose Brandbomben mit einer ganz neuen Wirkung in den verschiedensten Stadtteilen von London Brandherde schaffen, überall Brandherde. Tausende davon. Die werden sich dann zu einem einzigen Flächenbrand vereinigen. Göring hat dazu die einzig richtige Idee: Die Sprengbomben wirken nicht, aber mit den Brandbomben kann man das machen: London total zerstören! Was wollen die noch mit ihrer Feuerwehr ausrichten, wenn das erst mal losgeht«?[7]

Am 4. September 1940 hielt Hitler im Berliner Sportpalast eine wütende Rede, in der er ankündigte, die britischen Städte »ausradieren« zu wollen. Schon an den beiden folgenden Tagen wurde **London** angegriffen, aber nur mit wenigen Flugzeugen. Am 7. September folgte der bis dahin größte Angriff mit fast 1300 Kampfflugzeugen, darunter 625 Bombern. Göring übernahm selbst die direkte Leitung des Angriffs vom Cap Gris Nez aus, wohin er sich in einem Sonderzug mit Leibköchen, seinem Leibarzt, Krankenschwester und einer gehörigen Ladung Wein begeben hatte. Große Areale von London wurden schwer in

Mitleidenschaft gezogen und teilweise fast vollständig vernichtet. Diese verheerenden Angriffe verschafften den britischen Jägerstaffeln nach den Vorwochen, als vor allem britische Flugplätze bombardiert worden waren, eine Pause zur Stabilisierung.

Hitler malte sich aus, wenn die Angriffe mit dieser Intensität fortgesetzt würden, sei Großbritannien in kurzer Zeit »mürbe« und eine großangelegte Landeoperation wahrscheinlich nicht mehr notwendig. Der großmäulige Göring ging sogar so weit, die Briten in zwei Wochen kapitulationsreif bomben zu wollen. Das Oberkommando der Luftwaffe befahl für den 15. September einen neuen Großangriff auf London – und erlebte eine bitterböse Überraschung! Die Deutschen verloren 56 Flugzeuge und mußten erkennen, daß die britische Luftabwehr keineswegs schon ausgeschaltet war. Die Besatzungen der deutschen Bomber dichteten danach ein gerade vielgesungenes Lied zum Spottvers um: *»Die Front heht nun der Heimat hoch das Hemde [...] die Heimat reicht der Front die schwachen Hände.«* Derart ernüchtert, kam das Oberkommando der Wehrmacht zu dem Schluß, die Operation »Seelöwe«, die Landung von Streitkräften auf dem britischen Festland, auf »unbestimmte Zeit« verschieben zu müssen. Sie wurde für immer verschoben. Um einem industriell so hochentwickelten Land nicht kompensierbare Verluste durch Bomben zuzufügen, wären Bombenlasten und Bombenträger (Fernbomber) erforderlich gewesen, wie sie 1940 keiner Armee der Welt zur Verfügung standen. Auch die von der deutschen Führung erhoffte Demoralisierung der britischen Zivilbevölkerung blieb aus; im Gegenteil: Die Bombenangriffe hatten eine Mobilisierung der Rüstungs- und Abwehranstrengungen zur Folge. Der Durchhaltewillen, die Entschlossenheit, den als gerecht empfundenen Kampf auch zu bestehen, und die Opferbereitschaft der Menschen wuchsen. Dies bestärkte die britische Regierung darin, trotz der im Herbst 1940 keinesfalls rosigen Lage die Waffenstillstandsbemühungen der deutschen Regierung zu ignorieren. Bevor Hitler am 16. Januar 1941 alle Anstrengungen zu einer Invasion der britischen Insel aufgab, ordnete die Führung der deutschen Luftwaffe eine weitere Verschärfung des Luftkrieges an.

London wurde bis Mitte November 1940 jede Nacht von 150 bis 200 Flugzeugen bombardiert. Bei insgesamt 11 117 Einsätzen wurden 13 651 Tonnen Sprengbomben und 12 586 Brandbombenkanister abgeworfen. Den schwersten Angriff erlebte London am 15. November 1940, als 410 deutsche Bomber angriffen. Die Stadt brannte an über 900 Stellen. Das U-Bahnnetz war teilweise durch Überflutungen stillgelegt, der oberirdische Verkehr sehr stark beeinträchtigt und die Versorgung der Bevölkerung durch enorme Schäden in den Gas-, Wasser- und Elektronetzen gefährdet. Die Menschen waren sich der täglich lauernden Gefahren für ihr Leben und ihr Existenzgrundlagen bewußt – und blieben standhaft!

Die deutsche Luftwaffenführung ordnete eine Verschärfung des Luftkrieges an. Am 14. November 1940 flogen 515 Bombenflugzeuge einen Einsatz auf **Coventry**, ein Zentrum der britischen Flugzeugmotorenindustrie.[8] Der Angriff begann gegen 20 Uhr und dauerte, mit genau geplantem wechselndem Abwurf von Spreng- und Brandbomben, bis gegen drei Uhr morgens. Es kamen schwerste Bomben mit einem Gewicht von bis zu 1800 Kilogramm zum Einsatz, ferner Flammölbomben und Bomben mit Langzeitzünder. Bei den letzten Abwurfwellen wurden Sprengbomben mit Sirenen, Bauart »Jericho«, abgeworfen, die, so die Vorstellung der Luftwaffenstrategen, der Bevölkerung »die letzte Stunde« einläuten sollten!

In Coventry wurden in 17 Werksteilen und Werkstätten Antriebsaggregate für die Flugzeugindustrie hergestellt. Vom militärischen Standpunkt aus war ein Angriff also strategisch sinnvoll. Die dezentrale Verteilung der Produktionsstätten war auf die historische Entwicklung des Industriestandortes zurückzuführen. Da seinerzeit die Mobilität der Arbeitnehmer recht begrenzt war, waren Fabriken eng an die Wohnbezirke angebunden. Das ist in deutschen Großstädten nicht anders gewesen und führte zwangsläufig dazu, daß die Zivilbevölkerung bei Angriffen auf militärisch begründete Ziele der Rüstungsindustrie unmittelbar in Mitleidenschaft gezogen wurde.

Die erste Gruppe der deutschen Bomber hatte den Auftrag, Brände in der Stadt zu entfachen, um die verschiedenen Zielgebiete deutlich zu markieren. Sie meldete noch gute Erdsicht. Die Bomber der Hauptgruppe warfen, bei durch Rauchbildung stark verschlechterter Sicht, ihre Bombenlast im Bereich der sich ausdehnenden Brände ab. Dabei zerstörten sie 80 % aller Gebäude in der Stadt, ein zu dieser Zeit noch unvorstellbares Ausmaß. Der Luftangriff hatte sich zum unterschiedslosen Flächenbombardement weiterentwickelt.

Erstmalig war in diesem Krieg ein Stadtzentrum völlig eingeäschert und unbewohnbar geworden. Von 75 000 Gebäuden waren 60 000 zerstört oder beschädigt. Ganze Straßenzüge brannten ab, alle Versorgungsnetze fielen aus, 568 Einwohner waren getötet und 863 schwer verletzt worden. Göring dankte in einem Tagesbefehl vom 21. November 1940 den Angreifern für die Erfüllung seines Auftrages der »Vernichtung der Stadt Coventry«. Seit dieser Zeit ist das Wort »**coventrieren**« Synonym für die völlige Zerstörung einer Stadt aus der Luft.

Der britischen Armeeführung diente speziell der Angriff auf Coventry als Studienobjekt und Rechtfertigung für künftige Aktionen der RAF gegen die Zivilbevölkerung deutscher Großstädte. Generalleutnant W. S. Douglas hatte der RAF noch vor Beginn der Luftschlacht um England folgende Order erteilt: *»Das Entfachen von Bränden im Zielgebiet selbst oder in dessen näherer Umgebung sollte die Aufgabe der ersten Einsätze sein. Demnach müssen die Flugzeuge zum großen Teil mit Brandbomben bestückt werden. Die nächsten Angriffswellen sollten dafür sorgen, daß durch Verschärfung der Angriffe das Feuer ausgeweitet und somit verhindert wird, daß es die Feuerwehren des Feindes unter Kontrolle bekommen könnten. Jede Möglichkeit zur weiteren Verbreitung der Brände muß genutzt werden.«*[9] Damit waren elementare Regeln des Völkerrechts und Grundsätze preisgegeben, die Churchill in einer Unterhaussitzung im Sommer 1938 als für ihn unverzichtbare Prinzipien der Kriegführung bezeichnet hatte: Ein bewußt geplanter Angriff gegen die Zivilbevölkerung sei ein grundsätzlicher Verstoß gegen das international vereinbarte und allgemein anerkannte Völkerrecht. Angriffe aus der Luft müßten eindeutig gegen militärische Ziele geplant und durchgeführt werden, wobei zivile Objekte in der

Nachbarschaft so gering wie nur irgend möglich in Mitleidenschaft gezogen werden sollten.

Der amerikanische Historiker Edward Jablonski charakterisierte in seinem Buch »Air War« die neue Phase nach den Angriffen im Herbst 1940: *»Die Fiktion des militärischen Zieles war beseitigt. Der Krieg zwischen den Soldaten war vorüber, es würde nun ein Krieg zwischen den Völkern werden. Der Zivilist genoß nicht länger den Status des Nichtkombattanten: Der moderne Krieg hatte offiziell eine neue tödliche Lage eingenommen[...] Vielleicht war es immer so gewesen, aber endlich wurden die Vorbehalte aufgegeben. Die einfache ›Kriegskunst‹ wurde entlarvt als das, was sie war und immer noch ist – die Technologie des Schlachtens, des Gemetzels[...]«*

Die Deutschen wurden für die Operation »Mondscheinsonate«, so lautete der Code für Angriff auf Coventry, in der Weltöffentlichkeit angeprangert. Die britische Presse konnte einen »Sündenbock« vorführen. Das um so mehr, da die deutsche Luftwaffe in den folgenden Wochen die Städte Hull, Liverpool, Manchester, Leeds, Glasgow, Bristol, Birmingham, Southampton und Plymouth so schrecklich zurichtete, daß die Moral der Zivilbevölkerung tatsächlich zu zerbrechen drohte. Churchill streckte bei seinen Besichtigungsgängen durch die zerstörten Straßen den Einwohnern die Finger der rechten Hand zum Victory-Zeichen entgegen und versprach, es den Deutschen heimzuzahlen. Noch war es nicht soweit.

Der Premierminister hatte am 8. Juli 1940, nach der Niederlage und der anschließenden Einkesselung und Evakuierung der Streitkräfte bei Dünkirchen, die für Großbritannien erstrebenswerte und durchführbare

Kriegsstrategie skizziert: »*Es gibt etwas, was den Gegner zurückzuwerfen und niederzuschlagen vermag, das ist ein alles vernichtender und alles ausrottender Luftkrieg, mit ganz schweren Bomben von Großbritannien aus gegen das deutsche Heimatgebiet. Wir müssen den Feind mit diesem Mittel überwältigen, sonst sehe ich keinen Ausweg.*« Die Zuversicht seiner Luftkriegsstrategen, die von einem Sieg ohne größere Landoperationen auf dem europäischen Kontinent ausgingen, hat er nie ganz geteilt. Aber er wußte, in der Situation, in der sich Großbritannien als allein verbliebner Gegner Deutschlands befand, konnten Erfolge im Bombenkrieg der eigenen Bevölkerung zumindest wieder die Hoffnung auf einen Sieg vermitteln. Das Risiko von Bodenkämpfen auf dem Kontinent konnte die Armee damals nicht eingehen, sie brauchte dafür eine mehrjährige Vorbereitungszeit. Da die britischen Generalstäbler persönliche Erfahrungen im Ersten Weltkrieg gesammelt hatten, als in den Schützengräben von Flandern und vor Verdun die europäische Jugend völlig sinnlos verheizt wurde, schreckte sie ein Landkrieg grundsätzlich ab. An der Somme hatten die Briten damals an einem Tag 20 000 Soldaten verloren!

Um zu demonstrieren, daß sie sehr wohl auf die Angriffe auf britische Städte zu reagieren vermochte, flog die RAF gegen Berlin mehrere Einsätze, jedoch stets mit wenigen Flugzeugen. Mit dem »Moralbomben«, so die britischen Strategen, sollte in dieser für das Empire außerordentlich schwierigen Situation Selbstbehauptungswillen demonstriert werden. Die meisten Angriffe galten militärischen und wirtschaftlichen Einzelobjekten, z. B. Hydrier- und Kraftwerken.

Sie waren keineswegs von großer Bedeutung für den Kriegsverlauf, richteten aber zum Teil beträchtliche Schäden an und sorgten in Kreisen der deutschen Rüstungswirtschaft für Unruhe. Der Standard bei der Anvisierung vorgegebener Ziele konnte wegen der hohen Verluste unter den britischen Piloten nicht gehalten werden. Scheinwerferriegel und massierte Flakabwehr sorgten zudem dafür, daß nur noch in bestimmten Höhen angeflogen werden konnte. Da die Genauigkeit der Bombenabwürfe dadurch sehr stark eingeschränkt wurde, planten die britischen Luftkriegsstrategen größere Areale für Zielflächen ein. Ihre Vorschläge, die erfahrensten Besatzungen vor allem für die Zielfindung und Markierung durch Leuchtbomben einzusetzen, fanden Gehör. Allerdings dienten die massiv abgeworfenen Leuchtbomben, »Christbäume« genannt, nicht, wie ursprünglich gedacht, zur Kennzeichnung von Rüstungsbetrieben und anderen kriegswichtigen Zielen, sondern zur Erhellung und Erkennung von Stadtzentren. Als sich der Schwerpunkt der Aktionen des Bomber Command auf das unterschiedslose Bomben von deutschen Innenstädten verlagerte, mußte sich die deutsche Führung entschließen, eine zweckmäßige Luftverteidigung aufzubauen: Flaktürme aufzustellen, Bunker für die Zivilbevölkerung zu errichten und Nachtjagdverbände zu bilden.

Die Saat geht auf

Die britischen Militärstrategen waren lange unschlüssig, wie sie den Krieg überhaupt weiterführen sollten, brachte doch zunächst auch das Jahr 1941 nur deprimierende Fakten für sie. Sollte versucht werden mit einer Landung auf dem Kontinent die militärische Initiative zurückzugewinnen? Oder sollte man sich auf das bloße Bombardement beschränken, allerdings mit sehr schweren Schlägen auf deutsche Städte, um die Moral so weit zu brechen, daß eine Kapitulation herbeigeführt werden könne?

In diese Zeit des Abwägens fiel Hitlers Angriff auf die Sowjetunion. Die von der britischen Seite so sehr gewünschte Entlastung war eingetreten. Großbritannien war nicht mehr alleiniges Angriffsziel der deutschen Wehrmacht. Der britische Generalstab kam zu dem Fazit, daß die Sowjetunion am besten durch konzentrierte Luftangriffe zu unterstützen sei, solange noch kein Angriff gegen die Deutschen auf dem Festland möglich wäre. Er schlußfolgerte aus dem deutschen Angriff auf Coventry und den ausgewerteten Einsatzdaten, daß bei sechs Angriffen im Monat eine Stadt binnen eines halben Jahres so stark zerstört werden könne, daß ein Wiederaufbau unmöglich sei. Diese Planspiele führten dazu, 43 deutsche Städte mit 15 Millionen Einwohnern, in zwei Gruppen entsprechend

ihrer Entfernung eingeteilt, einer »Moraloffensive«
auszusetzen. Dazu sei der Aufbau von 250 Bom-
berstaffeln notwendig, die mit ca. 4000 Bombern in
der Lage gewesen wären, auf 800 Einwohner monatlich eine Tonne Sprengbomben abzuwerfen.[10]

Churchill, an den diese Überlegungen geleitet wurden, war überzeugt, daß die Luftangriffe der RAF
eine sehr ernsthafte Beeinträchtigung darstellten, die
man sicher noch steigern könne, aber die Wirkung sei
bisher stark überschätzt worden. Er ging davon aus,
daß die deutsche Bodenverteidigung und die Nachtjagd die Luftoffensive einschränken würden. Seine
Zweifel waren begründet. Die Berichte über die Wirkung der bisherigen Angriffe hatten sich als sehr über-
trieben herausgestellt, und der Rußlandfeldzug verlief anders als erhofft. Am 7. Oktober 1941 gab der
Premierminister der Bomberoffensive seine volle Unterstützung, hob allerdings gleichzeitig hervor, der
Bombenkrieg allein sei keine Garantie für den Sieg
über Deutschland.

Die britischen Bomberbesatzungen flogen Nacht
für Nacht Einsätze, wobei sie einem wachsenden
Risiko ausgesetzt waren. Bei einem Angriff mit 400
Bombern auf das Ruhrgebiet, Köln, Berlin und Mannheim in der Nacht vom 7. zum 8. November 1941
verlor das Bomber Command 10 % der Besatzungen.
Danach mußte der Generalstab die Angriffe stark
reduzieren, um für das Frühjahr 1942 eine aufge-
frischte Streitmacht zur Verfügung zu haben.

In dieser Zeit arbeitete das britische Luftkriegs-
kommando, der Air Staff, mit dem Bomber Command
die Grundzüge einer neuen Methodik des Bomben-
abwurfs aus. Sie sah vor, daß etwa 10 % der Bomber

als sogenannte Erstbrandlegerabteilung das Ziel mit Brandbomben markieren, anschließend sollten in großen Mengen Brandbomben und zuletzt Sprengbomben abgeworfen werden. Diese sollten auch die Wasserrohre zerstören, um das Löschen zu behindern und möglichst die Brandbekämpfung zum Erliegen zu bringen. Die neue Variante der Bombardierung sollte so bald als möglich erprobt werden.

Experten suchten Städte aus, die auf Grund ihrer Bebauung besonders brandanfällig waren. Dazu zählten u. a. Lübeck, Rostock, Bremen, Nürnberg, Freiburg und Braunschweig. Kiel und Frankfurt schienen für einen Angriff nach dieser Taktik nicht geeignet. Die Wahl fiel schließlich im November 1941 auf **Lübeck** und **Rostock,** da hier die günstigsten Voraussetzungen zu erwarten waren. Beide Städte waren sehr alt, und die Bauwerke und Häuser wiesen einen hohen Holzanteil auf.

Am 11. September 1941 wurde das britische Bomberbauprogramm verabschiedet, das dem Bau schwerer Bomber in der Rüstungsindustrie absolute Priorität einräumte. Obwohl die Produktionspläne nie erfüllt werden konnten, zeichnete sich ab, daß dem Bomber Command ab Anfang 1942 ständig mehr schwere Bomber zur Verfügung stehen würden und somit auch zunehmend schwere Angriffe gegen deutsche Städte geflogen werden könnten.

Auch die Bombenentwicklung wurde mit größter Intensität vorangetrieben. Die Luftminen, die sogenannten Wohnblockknacker, und neue Brandbomben wurden zur Produktion freigegeben. Letztere kamen bis zum Ende des Krieges zum Einsatz. Die 30 lb-Brandbomben waren mit einer hellen gelblichen

Flüssigkeit gefüllt, einer Lösung aus Schwefel und weißem Phosphor, sowie einer zähen Masse aus Rohkautschuk und Leichtbenzin. Die Kautschukmasse nahm unterschiedliche Mengen von Phosphor auf. Gelangte Lösung oder phosphorhaltige Masse auf Lebensmittel oder Viehfutter, also auch auf Weiden, konnte das zu schwersten Erkrankungen bei Mensch und Tier führen.

Am 14. Februar 1942 erließ das britische Kriegskabinett, dem neben Churchill und Eden auch Attlee, Beaverbrook und Bevin angehörten, den Beschluß, daß die Angriffe des Bomber Command nicht mehr vordringlich Fabriken oder sonstigen militärischen Objekten gelten sollten, sondern vor allem die Moral der Bevölkerung, besonders aber die der Industriearbeiterschaft brechen sollten. Das war der eigentliche Beginn des Bombenkrieges gegen die deutschen Zivilbevölkerung. Churchill begründete diesen Strategiewechsel mit geradezu verbissener Hartnäckigkeit. Die Briten waren der ständigen Nachrichten über militärische Mißerfolge leid, sie hatten die Versprechen ihrer Regierung bis zum Überdruß gehört, mußten sich mit der Rationierungen der Lebensmittel abfinden und fragten sich, ob Churchill der richtige Mann sei. Er selbst mußte erkennen, daß der deutschen Industrie mit den Angriffen im Jahre 1941 kein größerer Schaden zugefügt werden konnte. Im Atlantik zerstörten deutsche Unterseeboote zeitweise nahezu 50 % der aus den USA und den britischen Kolonien kommenden Handelsschiffe, die für die Versorgung des Mutterlandes mit allem Lebens- und Kriegsnotwendigen gebraucht wurden. Eine starke Gruppe um die Admiralität forderte deshalb, alle verfügbaren Kräfte zunächst für die Erringung des Sieges im Atlantik einzusetzen. Der damalige Leiter des militärischen Planungsstabes, Generalmajor John Kennedy, schrieb später in seinem Buch »The Business of War«, daß der Generalstab damals alle Entscheidungen Churchills für falsch hielt. Im Unterhaus war man nahe daran, gegen Churchill einen Mißtrauensantrag einzubringen. Am 26. März 1942 hatte er im Unterhaus wieder nur niederschmetternde Einschätzungen zu verkünden: *»Wir haben eine fast ununterbrochene Reihe militärischer Mißerfolge hinter uns. Wir wurden aus der Cyrenaika vertrieben, aus Griechenland und Kreta. Im Fernen Osten sind wir von einem neuen und mächtigen Gegner angegriffen worden. Hongkong ist gefallen, und Singapur sah die größte Niederlage britischer Waffen in der ganzen Geschichte. Burma wurde überfallen, Rangun ist in der Hand des Gegners und Australien bedroht. Die Schlacht im Atlantik, die für unser Überleben und die Fortsetzung der Kriegsanstrengungen entscheidend ist, steht für uns nicht zum besten[...]«* Im engeren Kreis meinte er danach: *»Unsere Soldaten leisten Sturzkampfflugzeugen des Gegners keinen Widerstand. In Singapur hatten wir doch so viele Männer, so viele – sie haben es nicht vermocht. In Libyen ist es dasselbe. Unsere Männer sind harter Beanspruchung nicht gewachsen. Irgend etwas an der Moral unserer Truppen ist von Grund auf faul[...]«* Diese Einschätzung wurde durch den damaligen Informationsminister Nicolson überliefert.

Doch in dieser Zeit, genau im rechten Augenblick, erhielt er Unterstützung von Luftmarschall Harris, einem Mann, der die Politik des Luftkrieges vehement

Luftmarschall
Arthur Harris

verteidigte und keinen Zweifel daran hatte, daß die Politik der Generäle und Admiräle nicht zum Erfolg führen würde. Am 22. Februar 1942 wurde der 50jährige Arthur T. Harris an die Spitze des Bomber Command berufen. Er machte aus ihm ein Instrument, dessen Töne bald immer lauter über Deutschland zu hören waren – das Brummen der Flugzeugmotoren, das Heulen der fallenden Bomben und das Explodieren beim Aufschlag. Harris hatte die Strategie der Flächenbombardements nicht selbst entwickelt, sie lag bei seinem Antritt schon vor. Aber er war der Mann, der gegen alle Widerstände im eigenen Lande und ungeachtet aller Verluste, die das Bomber Command an Besatzungen und Flugzeugen zu verzeichnen hatte, am konsequentesten die Idee von der kriegsentscheidenden Wirkung der Bombardierung deutscher Städte durchsetzte und davon auch selbst überzeugt war. Vom ersten Tage an wiederholte er ständig die Losung »Machen wir Schluß mit dem Krieg, indem wir den Deutschen die Seele aus dem Leib schlagen«! Da er fast bis zum Kriegsende die uneingeschränkte Unterstützung Winston Churchills besaß, konnte er sich überall energisch, ja eigentlich brutal durchsetzen.

Im März 1942 fiel, schon unter der Leitung von Harris, die Entscheidung für die Operation »Unison« (Gleichklang) gegen Lübeck.[11] Im Stadtkern, der etwa einen Quadratkilometer umfaßte, lebten damals 32 000 Einwohner; die Häuser waren überwiegend in Fachwerkbauweise errichtet, die Luftabwehr war schwach und die Feuerwehr für die Bekämpfung von Großbränden wahrlich nicht gerüstet.

Der Angriff begann kurz vor Mitternacht am 28. März 1942, einem Sonnabend. Lübeck wurde von 234 britischen Bombern attackiert. Der Angriff sollte laut Plan 2 Stunden 20 Minuten dauern, gebraucht wurden aber knapp drei Stunden. Lübeck hatte insgesamt ca. 150 000 Einwohner und 22 000 Häuser mit 45 000 Wohnungen. Bereits die ersten Brandbomben entfachten einige Großbrände, deren Ausbreitung durch Frost und vor allem durch leichten Wind begünstigt wurde. Nach kompaktem Abwurf von Brand- und Sprengbomben durch die Hauptwelle brannten große Teile der Innenstadt. Die Wasserversorgung fiel aus, und die Feuerwehr erwies sich als viel zu schwach, um die Brände einzudämmen. Binnen zwei Stunden war Lübeck ein Flammenmeer. Die Hamburger Feuerwehr traf in den Morgenstunden des Sonntags in

Lübeck ein. Erst nach dem Abflauen der Brände am Montag konnte der Schaden genauer begutachtet werden. Die abschließende Schadensbilanz ergab, daß von 45 752 Wohnungen 8,5 % total, 10,4 % schwer und 41,8 % leicht beschädigt waren. Unbeschädigt blieben also nur ca. 40 % des in Lübeck vorhandenen Wohnraums. Es gab 312 Tote und 784 Verletzte.

Die deutsche Führung hatte nicht erwartet, daß die mehrmonatige Zurückhaltung der RAF bei der Bombardierung nur der Neuformierung der Kräfte dienen sollte. Sie war sich keineswegs sicher, ob die Lübecker die psychologischen Auswirkungen des Angriffs verkraften würden. Die Behörden reagierten schnell und öffneten die Vorratslager, die 1942 noch gut gefüllt waren, für die Bombenopfer. Es wurden Lebensmittel, Kleidung, Wäsche und Schuhe großzügig und ohne größere Formalitäten ausgegeben. Auch mit Geld ging man generös um. Firmen bekamen Kredite, Privatpersonen Vorschuß und Verlustausgleich ohne strengere Nachprüfungen. Wohnraum wurde schnellstmöglich wieder beschafft. In den Dörfern und Bädern in der Umgebung von Lübeck wurden alle verfügbaren Räume besetzt und der Kurbetrieb eingestellt. Eilig beauftragte Sondereinheiten der Bauorganisation Todt setzten die städtischen Versorgungsnetze für Gas, Wasser und Strom zügig instand und führten unbedingt erforderliche Baumaßnahmen durch. Das Leben verlief daher schnell wieder in relativ normalen Bahnen. Die Industrieproduktion war eine Woche nach dem Angriff auf ca. 80 % ihres vorherigen Wertes angestiegen und ging im Jahresdurchschnitt lediglich ein knappes Prozent zurück.

Die britischen Auswerter rechneten mit der achtfachen Zahl der Toten (2600) und damit, daß erst nach sieben Wochen das vormalige Produktionsniveau wieder erreicht werden könnte. Wohl weil das Bomber Command die Auswirkungen des Angriffes als schwerwiegender veranschlagt hatte, blieb die Stadt von weiteren Angriffen verschont, nur der Lübecker Flugplatz wurde im August 1944 noch einmal attakkiert.

Die nächste größere Aktion im Rahmen der Operation »Unison« war **Rostock** zugedacht.[12] Rostock war ebenso eine alte Stadt wie Lübeck und konnte mit der gleichen Taktik wie diese bombardiert werden. Es bot sich an, den Angriff auf die Innenstadt, den Rostocker Hafen und die Hafeneinrichtungen in Warnemünde miteinander zu kombinieren und die bedeutenden Flugzeugwerke von Heinkel in Rostock-Marienehe durch einen Präzisionsangriff schwer in Mitleidenschaft zu ziehen. Für die Angriffe waren mehrere aufeinanderfolgende Tage vorgesehen, an denen gute Sicht und ruhiges Wetter vorherrschten. Der erste Angriff in der Nacht zum 24. April 1942 erwies sich als Fehlschlag. Die Heinkel-Werke wurden überhaupt nicht beschädigt, auch die Stadt war nicht getroffen worden; die meisten Bomben gingen außerhalb nieder. In der folgenden Nacht trafen die Bomben schon sehr viel genauer. Die Heinkel-Werke meldeten einen Produktionsausfall von 10 %, und in Rostock wurde die Lage sehr kritisch, da die Löschwasserversorgung nach Treffern in das Wasserleitungssystem aussetzte.

Der schwerste Angriff erfolgte in der Nacht zum 26. April. 128 Bomber flogen von Norden über Ro-

stock und warfen je zur Hälfte Brand- und Sprengbomben auf die Stadt ab. Besonders die Brandbomben
erzielten eine katastrophale Wirkung. Starke Winde
und Wassermangel bei den Löscharbeiten begünstig-
ten die Ausbreitung der Bände in den Wohngebieten.
Am nächsten Tag hatte Rostock ca. 40 000 Obdachlose bei insgesamt 140 000 Einwohnern; die Zerstörungen waren das Werk von einer knappen halben
Stunde.

In welchem Zustand die Menschen nach drei Bombennächten waren, ist schwer vorstellbar. Aus den
Kellern wurden Überlebende gezogen, Tote lagen
herum; überall war Rauch, und der Brandgeruch hielt
tagelang an. Eltern suchten ihre Kinder, Kinder ihre
Eltern, an eine geregelte Arbeit oder normalen Schulbetrieb war nicht zu denken.

Rostock verfügte vor dem Angriff über ca. 35 000
Wohnungen, 17,4 % davon waren völlig unbewohnbar und an 56,4 % aller Wohnungen wurden Schaden
festgestellt. Keine andere deutsche Stadt war so schwer
in Mitleidenschaft gezogen worden.

Zu diesem Zeitpunkt waren in Rostock fünf von
sieben Bunkern fertiggestellt worden; sie boten 2597
Plätze. Daß praktisch nur die örtlichen Parteigrößen
Zutrittsrecht besaßen, führte zu großem Unmut in
der Bevölkerung.

In der Nacht zum 27. April gelang zum Abschluß
des vier Tage währenden Bombardements der Angriff
auf die Heinkel-Werke. 96 Bomber warfen 112 Tonnen
Sprengbomben und 24 Tonnen Brandbomben. Heinkel verlor 150 Flugzeuge, was etwa einer Monatspro-
duktion entsprach. Es wurden 9 Werkhallen getroffen, davon einige sehr schwer. Einen solchen Schaden

hatte bisher noch keine deutsche Rüstungsfabrik erlitten.

Viele Rostocker waren bereits nach dem ersten Angriff in die umliegenden Dörfer geflüchtet, und es wären sicher noch mehr geworden, wenn nicht der Rostocker Gauleiter Friedrich Hildebrand den Ausnahmezustand über die Stadt verhängt hätte, danach durfte niemand ohne ausdrückliche Genehmigung Rostock verlassen. Erst am 28. April hob er diesen Befehl auf, dann ordnete er selbst die Evakuierung von Müttern mit Kindern und Greisen in die umliegenden Landgemeinden an. Die Instanzen der Stadt hatten die Übersicht völlig verloren und handelten in kopfloser Panik. Zu spät wurden notwendige Maßnahmen veranlaßt, z. B. Feuerwehren von außerhalb angefordert. Als diese dann endlich eintrafen, war alles schon vorbei. Mit Standgerichten und Verhaftungen versuchte die nationalsozialistische Führung der Stadt, erwartete Auflehnungen von vornherein zu unterbinden. Die gesamte Infrastruktur war zerstört worden. Geschäfte, Schulen, Hotels und Gaststätten lagen überwiegend in Trümmern. Die Versorgung mit Strom, Gas, Wasser, Telefonverbindungen war unterbrochen – nichts funktionierte mehr.

Die Bombengeschädigten konnten mit einer relativ großzügigen Unterstützung bei der Sicherung der unmittelbaren Lebensgrundlagen rechnen. Sie mußten diese meist außerhalb entgegennehmen, denn etwa 120 000 bis 150 000 Rostocker hatten die Stadt verlassen. Wer konnte glauben, daß nach den furchtbaren vier Tagen die ständigen Angriffe ein Ende hätten? In den umliegenden Kreisen wurden die Schulen und Turnhallen geräumt, um den ausgebombten

Rostockern eine Notunterkunft anbieten zu können. Den Schulbetrieb stellte man ein.

Die britischen Dienststellen überschätzten auch das Ergebnis der Rostocker Angriffe. Sie hatten mit 6000 Toten und Schwerverletzten gerechnet; in Wirklichkeit waren es 216 Tote und ca. 700 Verletzte. Da die Schäden an den Heinkel-Werken in Rostock-Marienehe geringer als erwartet ausfielen, ließ das Bomber Command in der Nacht zum 9. Mai 1942 sie und die Arado-Werke in Warnemünde mit 211 Bombern wieder angreifen. 167 Maschinen erreichten das Zielgebiet. Das Resultat enttäuschte wiederum, denn die Produktionsausfälle waren ganz gering. Wegen der inzwischen verstärkten deutschen Luftverteidigung verloren die Briten 20 Bomber und damit 12 % der zum Einsatz gelangten Flugzeuge und Besatzungen. Diese Ergebnisse gaben jenen Strategen in der britischen Führung Auftrieb, die Flächenbombardements für das einzig geeignete Mittel hielten, den Krieg aus der Luft intensiv fortzusetzen, da Präzisionsangriffe als zu riskant erschienen.

Rostock und Warnemünde blieben aus diesem Grund und weil die Militärs annahmen, daß die Stadt durch das vier Tage dauernde Bombardement nahezu völlig zerstört worden sei, lange Zeit von weiteren Angriffen verschont.

Die deutsche Luftwaffe flog von April bis Juni 1942 Angriffe, die in erster Linie die Zivilbevölkerung demoralisieren sollten, diese »Baedekerangriffe« galten kulturhistorisch bedeutsamen Städten wie Exeter, York und Canterbury mit dem Sitz des Erzbischofs. Die Auswirkungen waren verheerend, aber territorial begrenzt und nicht mit den Angriffen des Jahres 1940 vergleichbar.

Das Bomber Command hatte mit den Angriffen auf Lübeck und Rostock Aufsehen erregt und eine Kampfkraft bewiesen, die Befürworter, aber auch scharfe Kritiker auf den Plan rief. Die Kritiker kamen vor allem aus den Reihen der britischen Admiralität, die zu diesem Zeitpunkt noch kein wirksames Mittel gegen die von deutschen Unterseebooten ausgehende Gefährdung der Versorgung des Inselstaates gefunden hatte. Dies gelang erst ab Ende 1942 dank verbesserter Ortungssysteme an Bord britischer Kriegsschiffe und Aufklärungsflugzeuge.

Luftfahrtminister Archibald Sinclair verteidigte das Bomber Command mit dem Hinweis, es sei »*die einzige Streitmacht, die direkt tödliche Schläge ins Herz Deutschlands führen könne*«. Die Bekämpfung deutscher U- Boote müsse sinnvollerweise bei ihren Produktionsstätten beginnen. Seine Worte hatten zwar keine Abkehr von der Strategie der Flächenangriffe zugunsten von umfassenden Präzisionsangriffen gegen U-Bootwerften zur Folge, aber die öffentliche Aufmerksamkeit in Großbritannien konzentrierte sich auf die gegen militärisch und rüstungswirtschaftlich bedeutsame Ziele geflogenen Einsätze und verlor den tatsächlichen Angriffsschwerpunkt aus dem Blickfeld.

Die Antihitlerkoalition stand im Frühjahr 1942 angesichts der Kriegslage im Osten, auf dem Balkan, in Griechenland und Nordafrika unter beträchtlichem militärischem Druck. In der Sowjetunion hatten die deutschen Truppen ihre Frühjahrsoffensive mit großen Erfolgen begonnen, stießen gegen die Krim vor und erreichten die Wolga. Feldmarschall Rommel setzte mit dem Afrikakorps den britischen Truppen stark zu, hatte Tobruk eingenommen und marschierte auf Alexandria zu. Im Dezember 1941, nach Hitlers Kriegserklärung, waren die USA in den europäischen Krieg eingetreten, hatten aber über die Strategie gegen Deutschland in erheblichem Umfang andere Auffassungen als das britische Bomber Command. Die Vorstellungen der Amerikaner, noch 1942 eine zweite Front zu bilden, konnten von britischer Seite zurückgewiesen werden, aber einen Ersatz wollte man schon bieten. Die Angriffe des Bomber Command waren damals die einzigen offensiven Kampfhandlungen der britischen Armee in Europa. So erhielt Harris einen Rang, der ihn in Großbritannien gegen Kritik und die Konkurrenz anderer strategischer Vorstellungen schützte.

Im Mai 1942 hatte er vorgeschlagen, einen Großangriff gegen eine deutsche Stadt zu starten. Dazu, so seine Denkschrift, müsse man alle vorhandenen Flugzeuge in einem Angriff vereinen. Das Bomber Command verfügte über ca. 400 einsatzbereite Bomber. Durch Einbeziehung der Ausbildungseinheiten und damit nur teilweise geschulten Besatzungen sowie der Flugzeuge des Coastal Command konnten insgesamt 1042 Bomber bereitgestellt werden. Die Operation erhielt wegen des erstmaligen Einsatzes von mehr als 1000 Bombern den Einsatzcode »**Millenium**«.[13] Aufgrund des Wetters war kurzfristig **Köln** als Angriffsziel bestimmt worden und nicht Hamburg. Der Angriff wurde in drei Wellen geflogen und sollte 90 Minuten dauern. Anflugpunkt war der Neumarkt in Köln, und die weiteren Zielpunkte befanden sich lediglich zwei Kilometer vom Neumarkt entfernt.

In der Nacht zum 31. Mai 1942 fielen in Köln 45 Minuten nach Mitternacht die ersten Bomben. Der Angriff dauerte bis 2.25 Uhr, dann war Köln ein einziges Flammenmeer. Allein 540 Tonnen Spreng- und eine halbe Million Brandbomben wurden abgeworfen. An Wohnungen wurden 13 000 völlig zerstört, 6360 schwer und 22 270 leicht beschädigt. 59 100 Einwohner von Köln waren obdachlos geworden. Die Gas-, Wasser- und Stromversorgung war vollständig ausgefallen, und der städtische Verkehr kam nur sehr mühsam wieder in Gang. Es gab 486 Tote und ca. 5000 Schwer- und Leichtverletzte. Die in Köln reichlich vorhandene Rüstungsindustrie wurde hingegen nur leicht getroffen. In etwa 15 Betrieben entstanden größere, in ca. 20 Betrieben kleinere Schäden. Die britischen Verluste mit 52 Bombern waren vergleichsweise gering.

Köln blieb weiterhin bevorzugtes Ziel des Bomber Command für Nachtangriffe; ab 1944 entfiel auch ein großer Teil der Tagesangriffe der USAAF auf die Stadt. Von Mai 1940 bis März 1945 wurde Köln 262 mal angegriffen. Bei Kriegsende wurde dort der höchste Verlust an Wohnraum (69,9 %) registriert, dann folgten Dortmund (65,6 %) und Duisburg (64,5 %). Die Bevölkerungszahl sank von 768 000 im Jahre 1939 auf 40 000 bei Kriegsende, also um ca. 95 %.

Vor dem 31. Mai 1942 konnte die »Ausquartierung«, so die offizielle Sprachregelung, noch relativ mühelos bewältigt werden. Dies änderte sich, als 45 000 Einwohner plötzlich evakuiert werden mußten. Diese sollten sich schriftlich verpflichten, über die Situation in der Stadt nicht zu sprechen.

Das Bomber Command und sein Chef wurden für den Angriff vom 31. Mai 1942 auf Köln sowohl von der Regierung als auch in öffentlichen Verlautbarungen sehr gelobt und konnten ihre Planungen für weitere Angriffe auf deutsche Städte relativ unbeeinflußt von Einsprüchen anderer Dienststellen – und mit größerem Aufgebot an Bombern – fortsetzen. Harris erklärte später, es wäre nie zu einem wirklichen Bombenkrieg gekommen, wenn der Angriff gegen Köln nicht so erfolgreich ausgeführt worden wäre.

Bis zum Jahresende 1942 wurden vom Bomber Command noch 70 Angriffe gegen Städte in Westdeutschland geflogen. Am meisten in Mitleidenschaft gezogen wurden Essen, Emden, Bremen, Duisburg und Düsseldorf.

Die Zahl der eingesetzten Bomber schwankte sehr stark. Im Normalfall flogen ca. 150 bis 200 Flugzeuge die Ziele an. Ausnahmen bildeten Bremen am 26. Juni 1942 mit 900, Düsseldorf am 1. August 1942 mit 630 und am 11. September 1942 mit 476 sowie Hamburg am 27. Juli 1942 mit 403 Angreifern.

Am Zielort gelangten meist nur 80 bis 85 % der gestarteten Maschinen an. Die Verluste durch die deutsche Luftabwehr betrugen 1942 durchschnittlich 4 bis 10 %, je nach Konzentration ihrer Kräfte am Einsatzort. In Hamburg konnten am 29. Juli 1942 33 (13 % der gestarteten), in Nürnberg am 29. August 1942 23 (14 %) und in Essen am 17. September 1942 42 (11 %) Flugzeuge zum Absturz gebracht werden.

Aus mehreren Gründen war nicht nur die bombardierte Stadt von den Auswirkungen des Angriffs betroffen. Generell wurde über einem großen Territorium Alarm ausgelöst, denn nicht immer konnte die deutsche Luftverteidigung das Angriffsziel des Bomber Command frühzeitig bestimmen. Die nicht zum Zielort gelangenden Flugzeuge nahmen ihre Bombenlast nicht wieder mit zurück; vielmehr lösten die Bombenschützen die Klappe des Bombenschachtes zu einem ihnen günstig erscheinenden Zeitpunkt. Die von der Abwehr getroffenen Flugzeuge stürzten über einem größeren Territorium ab, da die Piloten häufig bis zum letzten Moment versuchten, den Heimatflugplatz doch noch zu erreichen. Betrachtet man die prinzipiell unterschiedlichen An- und Abflugrouten, so wird klar, daß bei einem Angriff auf Städte in West- und Mitteldeutschland die gefährdeten Territorien riesige Ausmaße haben mußten.

In der britischen Strategie des Flächenbombardements deutscher Städte kam dem **Ruhrgebiet** und speziell **Essen** eine herausragende Bedeutung zu.[14] Für die Briten war die Stadt und der mit ihr verbundene Name Krupp seit dem Ersten Weltkrieg das Synonym für die deutsche Rüstungsindustrie. Diesem Ruf hat Essen zu verdanken, daß es von Mai 1940 bis zum März 1945 fast durchgängig britischen Bombenangriffen ausgesetzt war. Der Umfang der Waffenproduktion wurde weit überschätzt. Von etwa 100 000 Beschäftigten waren zwar noch 43 000 bei Krupp in Lohn und Brot, aber im Zweiten Weltkrieg hatte sich der Schwerpunkt von der Fertigung auf die Entwicklung neuer Waffen und Ausrüstungen verlagert.

1942 flog die RAF 3724 Einsätze gegen Essen, 4800 Tonnen Spreng- und Brandbomben fielen damals auf die Stadt, 10 % der über ganz Deutschland abgeworfenen Bomben. Die Behörden hatten versucht die Angriffswirkung zu mindern. Schon ab 1940 wurden nicht

So sah der Sieg aus! Essen-Belgeborbeck

im Arbeitsprozeß stehende Einwohner in erheblichem Umfang evakuiert, der Abwehrschutz war stärker ausgebaut als in vielen anderen deutschen Großstädten. Ein »natürlicher Schutz« kam hinzu, die Dunstglocke, unter der das Ruhrgebiet ständig lag, erschwerte das Markieren und Bestimmen der Zielgebiete. Auch neue und verbesserte Markierungsverfahren führten zunächst nicht zu einer Erhöhung der Treffsicherheit. Nach dem 1000-Bomberangriff der RAF am 31. Mai 1942 gegen Köln galt der nächste Großangriff mit 956 Bombern am 2. Juni 1942 Essen. Die Trefferauswertung bewies, daß sich die hochgespannten Erwartungen wieder nicht erfüllt hatten. Die Bomben verteilten sich auf das gesamte Ruhrgebiet, Essen hatte nur sehr geringe Verluste zu verzeichnen.

Es gab aber einige Ausnahmen von der geringen Erfolgsbilanz. Am 28. Juli 1942 wurde Essen von einem einzigen Höhenbomber »Mosquito« angegriffen, der sein Ziel – die Kurbelwellenwerkstatt von Krupp –

außerordentlich präzise mit vier Sprengbomben bombardierte. Diese Aktion hatte einen lange währenden Produktionsausfall von 40 % der Kapazität zur Folge.

Essen selbst war danach für neun Monate kein direktes Angriffsziel mehr. Von Ruhe konnte aber keine Rede sein, denn wenn andere Städte des Ruhrgebietes wie Duisburg, Krefeld oder Bochum angegriffen wurden, war Essen wegen der geminderten Treffergenauigkeit natürlich auch betroffen.

Seit Ende des Jahres 1942 hatte sich die militärische Situation für die alliierten Streitkräfte erheblich verbessert. In Rußland standen die deutschen Soldaten zwar an der Wolga, aber die Niederlage der 6. Armee in der Schlacht von Stalingrad war absehbar. Die Angriffe Rommels auf Alexandria konnten von den britischen Truppen unter Marschall Montgomery abgewehrt werden, und im November 1942 gelang die Landung der amerikanischen Streitkräfte in Nordafrika. Die RAF und das Bomber Command gingen in einer Reihe von Denkschriften weiter davon aus, Deutschland nur mit dem Einsatz der Luftstreitkräfte und durch Bombardierung deutscher Städte zur Kapitulation zwingen zu können. Im November 1942 erhielt das Konzept der RAF, ausgearbeitet unter der Leitung des Oberbefehlshabers Marschall Portal, zunächst allgemeine Zustimmung.[15] Es sah vor, die monatliche Bombenmenge von 7000 auf 25 000 Tonnen im Juni 1943 und auf 90 000 Tonnen im Dezember 1944 zu erhöhen. Damit sollten 57 deutsche Städte regelrecht eingeäschert werden. Die Städte wurden in drei Gruppen eingeteilt, entsprechend der vorhandenen Einwohnerzahl. Auch viele Städte mit weniger als 50 000 Einwohnern wurden in diese Pläne einbezogen. Sie sind eines der erschreckendsten Dokumente britischer Kriegsführung und zeugen von der skrupellosen Denkhaltung, die sich unter britischen Militärstrategen entwickelte.

Churchill nahm die veränderte Kriegssituation zum Anlaß, das Dokument zurückzuweisen und neue Gedanken über die strategischen Schlußfolgerungen einzufordern. Nun machte sich auch der bisher unterdrückte Zorn der Chefs der Land- und Seestreitkräfte Luft. Ihre Empörung war begründet, stimmten doch RAF und Bomber Command ihre Pläne zur Zerstörung deutscher Städte nicht mit dem militärischen Gesamtkonzept ab. Die Strategie der Land- und Seestreitkräfte basierte hingegen darauf, daß die Luftwaffe speziell ihre Aktionen unterstützen solle. Die RAF zeigte sich bereit, ihre Angriffe als Vorstufe einer künftigen Invasion zu betrachten. Die Stäbe einigten sich mit ihr auf die Weisung vom 31. Dezember: »*Das Ziel der Bomberoffensive ist die fortschreitende Zerstörung und Desorganisation der gegnerischen Kriegsindustrie, des ökonomischen Systems und die Untergrabung der Moral, bis zur tödlichen Schwächung der Fähigkeit, bewaffneten Widerstand zu leisten.*«

Dieses Dokument näherte sich auch den Auffassungen der amerikanischen Militärs an, die seit dem zweiten Halbjahr 1942 in Europa die Richtung mitbestimmten. Am 23. Juni 1942 waren die ersten Flugzeuge der 8. US-Army Air Force (USAAF) in Großbritannien eingetroffen, ihre Zahl und Ausrüstung nahm sehr schnell zu. Die Angriffe der US-Air Force nahmen sich 1942 noch sehr bescheiden gegenüber denen der RAF aus – doch der Auftakt war gemacht, und nach anfänglichem Widerstreben begannen die britischen Militärs mit den Stäben der amerikanischen Truppen zu kooperieren.

Von der Konzentration auf die Zerstörung deutscher Städte hielten die Amerikaner nicht viel. Zuerst sollten die Wirtschaft, die Infrastruktur und die wichtigsten militärischen Stützpunkte getroffen werden, das »Moralbomben« gegen die deutsche Bevölkerung sollte zuletzt erfolgen.[16] Sie hatten also keine moralischen Vorbehalte gegen Flächenbombardements, setzten nur andere Prioritäten. Das Ansinnen der RAF, sich gleichfalls auf Nachtangriffe zu konzentrieren, lehnten die US-Militärs ab. Weder waren ihre Piloten dafür ausgebildet, noch konnten die Zielgeräte und Navigationsgeräte kurzfristig auf Nachtangriffe umgestellt werden, wie es die RAF vorschlug.

Auf der Konferenz von Casablanca im Januar 1943 einigten sich die Alliierten darauf, daß die Invasion auf dem französischen Festland durch eine »Combined Bomber Offensive« von RAF und USAAF vorbereitet werden solle: *»Das Hauptziel wird die fortschreitende Vernichtung und Störung des deutschen militärischen, industriellen und wirtschaftlichen Systems sein sowie die Unterhöhlung des Kampfgeistes des deutschen Volkes bis zu dem Punkt, an dem seine Fähigkeit zum bewaffneten Kampf entscheidend geschwächt ist.«*[17] Die USAAF setzte durch, daß die amerikanischen Luftstreitkräfte ausschließlich Tagesangriffe fliegen sollten, ihre Zielliste sah Präzisionsbombenangriffe auf Anlagen der Energiewirtschaft (Kraftwerke, Talsperren, Transformatorenstationen u. ä. Einrichtungen), auf Verkehrsanlagen (Eisenbahnknotenpunkte, Bahnhöfe und Häfen, besonders Binnenhäfen), auf die Mineralölwirtschaft, speziell Hydrier-

werke und auf Anlagen der Grundstoffindustrie (Stahl-
und Aluminiumwerke, Kugellagerfabriken, Reifen-
und Gummiwerke, usw.) vor. Bis zum Ende des Krieges sollten kontroverse Standpunkte und Rivalitäten
zwischen RAF und USAAF und in den jeweils eigenen Reihen die Allianz und ihre Kampfkraft immer
wieder beeinträchtigten.

Noch vor der Konferenz von Casablanca hatte
Churchill das strategische Ziel vorgegeben, durch
konzentrierte **Angriffe auf Norditalien** die Bevölkerung von Italien zu demoralisieren. Mit 20 schweren
Angriffen auf Genua, Mailand und Turin zwischen
Oktober 1942 und Februar 1943 wurde das Land in
einen desolaten Zustand versetzt, der sicher den Aus-
tritt aus dem Achsenbündnis im August 1943 und die
Kapitulation der italienischen Streitkräfte mit beför-
derte. Regierung und Militär hatten nur mangelhafte
Vorkehrungen zur Versorgung und Evakuierung der
Bevölkerung getroffen. Das Transportwesen brach
nahezu völlig zusammen. Anders als in Deutschland
war es den britischen Luftstreitkräften in der Tat ge-
lungen, ein günstiges Klima für die Beendigung der
Kriegshandlungen durch Italien zu schaffen.

Harris sah sich dadurch wohl in der Auffassung bestätigt, daß seine Strategie des »Herausbombens« aus
dem Krieg auch auf Deutschland übertragbar sein
müsse. Er betrachtete die Weisung von Casablanca als
Freibrief, künftig alle Angriffe nach eigenem Gutdün-
ken zu gestalten und vor allem die Angriffsziele selbst
zu bestimmen. Die Zielliste der britischen Militärführung ignorierte das Bomber Command fast gänzlich.

1943 – Die Entscheidungen reifen

Seit Ende 1942 standen den Besatzungen des Bomber Command einige neuentwickelte Navigationsverfahren zur Verfügung, die eine wesentlich höhere Treffsicherheit zuließen. Nachdem sie diese Systeme erprobt hatten, wurde in der Nacht zum 6. März 1943 ein neuer Großangriff auf Essen durchgeführt. Nach der diesmal sehr präzisen Markierung des Zielgebietes setzten 367 von 442 gestarteten Flugzeugen ihre Bombenlast – 525 Tonnen Spreng- und 490 Tonnen Brandbomben – ab. Weil sich die neue Technik bei der Zielfindung so gut bewährt hatte, wiederholte das Bomber Command genau eine Woche später den Angriff mit der gleichen Anzahl von Flugzeugen.

Die Bilanz beider Angriffe war bedrückend: 653 Tote, 3670 total zerstörte und 2586 stark beschädigte Häuser, 90 000 Obdachlose.

Ein Arzt aus Essen schilderte diesen Angriff: »*Man hörte jetzt die zahlreichen Bomben sehr deutlich pfeifen, und das Gefühl der Unsicherheit und Erwartungsspannung wuchs. Ich kauerte mich leicht, wenn eine neue Bombe rauschte und horchte jedesmal gespannt auf die Detonation. Plötzlich explodierte eine Luftmine in etwa 200 Meter Entfernung. Es gab einen ungeheuren Luftdruck, Fenster und Türen flogen auf, der Keller war voller Staub, das Haus bebte und Scheiben klirrten. Von da ab war meine Frau, die bis dahin*

Essen nach der ersten schweren Bombardierung 1943

*immer ganz ruhig und besonnen gewesen war, außer-
ordentlich ängstlich, ja sie hatte Todesangst. Sie starrte
vor sich hin, reagierte nicht auf beruhigenden Zuspruch
meinerseits und stieß hastig bei jeder neuen Bombe ein
kurzes Stoßgebet aus. Wir saßen gemeinsam auf einer
Gartenliege, drängten uns zusammen. Ich hatte meine
Frau umfaßt und merkte, daß sie ganz intensiv und
unentwegt bebte. Dieses Beben beeindruckte mich
stark und übertrug sich auf mich. Auch ich fing jetzt an
zu zittern, besonders in den Beinen[…]«*

Die »Davongekommenen« waren erschüttet und
erleichtert: *»Nachdem ich noch beim Löschen gehol-
fen hatte, ging ich durch das Gelände, sah mir mit
meiner Frau zusammen die brennende Stadt an und
es wurde uns klar, in welch großer Gefahr wir tatsächlich gestanden hatten. Als Reaktion auf das Erlebte
trat ein ausgesprochenes Glücksgefühl bei mir und*

Essen 1943

meiner Frau ein. Wir waren ausgelassen lustig, mach-
ten uns Kaffee, scherzten; ich zimmerte eifrig, damit
wir wenigstens ohne Durchzug schlafen konnten. Wir
haben dann tief und fest geschlafen[...]«

Bis zum Sommer 1943 flogen die Besatzungen der
britischen Bomber noch vier Großangriffe auf Essen,
die in den Kruppwerken erhebliche Produktionsausfälle verursachten. Durch konzentrierten Einsatz, vor
allem durch ein großes Aufgebot von Kriegsgefangenen und Zwangsarbeitern, gelang es nach kurzer Zeit
immer wieder, die Produktion ohne wesentliche Ein-
bußen fortzusetzen.

Nach den Angriffen auf das Ruhrgebiet breitete sich
unter den Besatzungen des Bomber Command eine
fast apathische Stimmung aus. Auf den tristen Flie-
gerhorsten der RAF täuschten die Männer Gleich-

gültigkeit vor, vertrieben sich die Zeit mit lustlosen Kartenspielen, hastigem Rauchen und nervösen Debatten über das Wetter und den Zeitpunkt des nächsten Angriffes. Die Angst vor weiteren Einsätzen saß allen im Nacken. Die Frage nach dem Sinn der Bombardierung wurde immer lauter gestellt. Den Besatzungen blieb ja nicht verborgen, wie fragwürdig die Effektivität und die Ziele mancher Einsätze waren. Und sie riskierten jedesmal ihr Leben. Wenn sie der Flak oder den Jägern entkommen waren, bestand die Gefahr, daß sie den Heimatflugplatz verfehlten und bei einer Notlandung im Gelände die Maschine zu Bruch ging. Wegen des hohen Risikos wurden sie nach maximal 30 Einsätzen abgelöst und an einen weniger gefährlichen Einsatzort versetzt. Von zehn Besatzungen besaßen aber nur drei wirklich die Chance, den ersten Einsatz zu überleben. Jedes dritte Besatzungsmitglied kehrte von den Bombenangriffen auf deutsche Städte nicht zurück. Zu diesem Zeitpunkt hatte die RAF bereits 6000 hochqualifizierte Piloten, Navigatoren, Bombenschützen, Funker und Bordschützen verloren. Diese Ausfälle konnten durch die ständige Erhöhung der Ausbildungsquote nicht sofort wettgemacht werden.[18] Außerdem verringerte sich die Qualität der Ausbildung. 872 Flugzeuge wurden abgeschossen, das waren 4,7 % der RAF-Maschinen; 2126 (11,5 %) kehrten stark beschädigt zurück.

Luftmarschall Harris sah sich erheblicher Kritik ausgesetzt. Inzwischen hielten viele seine Flächenbombardements für ein ungeeignetes Mittel, um den deutschen Widerstand zu brechen – wie sich herausstellen sollte, völlig zu Recht. Harris widersprach deshalb nicht, als die Weisung zu einem Spezialeinsatz erging, für den er besonders erfahrene Besatzungen auswählen sollte. Ein britischer Wissenschaftler, Dr. Barnis Wallis, hatte vor dem Zweiten Weltkrieg ermittelt, daß die **Wasserversorgung des Ruhrgebietes** entscheidend beeinträchtigt werden könnte, wenn die Staudämme der künstlichen Seen, die das Trinkwasser für die Städte speichern, mit wenigen Angriffen zerstört würden.[19] Voraussetzungen für das Gelingen der Aktion waren die präzise Bestimmung des Zeitpunkts des Abwurfs, gute Sicht und hoher Wasserstand. Wallis hatte dafür sogar eine spezielle Bombe konstruiert, die im Tiefflug abgeworfen werden mußte und wie ein Kiesel über die Wasseroberfläche hüpfen sollte. Am 16. Mai 1943 waren die äußeren Bedingungen erfüllt, und so bereiteten sich 19 Besatzungen, die für den Einsatz intensiv trainiert hatten, auf den Start vor. Um nicht vom deutschen Radar erfaßt zu werden, mußten die für den Einsatz speziell präparierten Maschinen über besetztes und deutsches Gebiet im Tiefflug und ohne den Schutz von Jägern anfliegen. Neun Flugzeuge sollten den Möhnedamm bombardieren, die anderen die übrigen Stauseen. Eines wurde auf dem Hinflug von deutscher Flak abgeschossen, die im Mondlicht die Bomber auf sich zufliegen sah. Eine zweite Maschine wurde kurz vor dem Ziel getroffen und stürzte hinter der Staumauer ab. Nach dem Abwurf der fünften Bombe brach die Mauer durch. Eine Flutwelle schoß durch das Ruhrtal, überschwemmte mehrere Dörfer und kleine Städte, riss Vieh mit sich und brachte 1200 Menschen den Tod durch Ertrinken, darunter mehr als 600 Zwangsarbeitern aus der Sowjetunion. Nur die Edertalsperre wurde noch von einer Bombe getroffen, die anderen blieben unbeschädigt. Das Bomber Command verlor elf Bomber mit bewährten Besatzungen. Die Wasserversorgung des Ruhrgebietes wurde kaum beeinträchtigt, und die Bombenschäden an der Möhnetalsperre waren nach wenigen Wochen behoben.

Harris sah sich danach in seiner Auffassung von der Zweckmäßigkeit der Flächenbombardements wieder bestätigt und konnte seine Pläne relativ widerstandslos weiterverfolgen.

Die neuerlichen Angriffe auf Köln vom 29. Juni, 4. und 9. Juli 1943 hatten verheerende Folgen für die Zivilbevölkerung. 350 000 Einwohner mußten danach aus der Stadt gebracht werden. Wie der Kölner Gauleiter, Josef Grohé, in einem Bericht darlegte, wurden 20 000 Wohnhäuser, 109 Amtsgebäude, 31 Krankenhäuser und 60 Schulen total zerstört. Grohé informierte auch Hitler telefonisch detailliert über den Angriff von 540 Flugzeugen am 29. Juni. Als der Generalstabschef der Luftwaffe, Jeschonnek, am 1. Juli gegenüber Hitler nur von 200 Angreifern sprach, kritisierte dieser die Luftwaffe und ihren Chef Göring sehr direkt. Göring wurde nach Rastenburg beordert; sein Einfluß auf Hitler war zu diesem Zeitpunkt wegen des Versagens der deutschen Luftwaffe bei der Versorgung der in Stalingrad eingekesselten 6. Armee bereits gesunken und sollte sich weiter verringern.

Harris beabsichtigte schon länger einen spektakulären Großangriff auf eine große deutsche Stadt, der die Moral der Bevölkerung und die deutsche Führung schwer treffen sollte. Durch einen überragenden Erfolg wollte Harris zugleich das Selbstbewußtsein der eigenen Besatzungen heben. Der Chef des Bomber

Command hatte dafür **Hamburg** ausgewählt; er gab der Aktion den Namen »**Gomorrha**«. Mit dem Code nahm er zynisch auf eine Strafaktion Gottes Bezug, die im ersten Buch Moses geschildert wird: *»Da ließ der Herr Schwefel und Feuer regnen vom Himmel herab auf Sodom und Gomorrha. Und kehrte die Städte um und die ganze Gegend und alle Einwohner der Städte und was auf dem Lande gewachsen war.«* Der Angriff auf Hamburg war Menschenwerk, die Dimension der Angriffe – es sollte von vornherein eine ganze Angriffserie sein – übertraf alles, was die deutsche Zivilbevölkerung bis dahin erlebt hatte.[20] Hamburg war nach Berlin die größte Stadt in Deutschland, sie hatte damals 1,5 Millionen Einwohner und 550 000 Wohnungen und besaß ausgedehnte Hafen- und Werftanlagen. Etwa 35 % aller deutschen Unterseeboote wurden in Hamburg hergestellt.

Die RAF besaß damals genügend Reserven für eine Angriffsserie. Die in den Einsätzen gegen das Ruhrgebiet erlittenen Verluste waren relativ schnell ausgeglichen und der Flugzeugbestand bis Juli 1943 sogar noch um 300 Maschinen erhöht worden. Der Anteil der schweren Bomber hatte gesteigert werden können. Wöchentlich verstärkten 1000 neuausgebildete junge Flugsoldaten die Reihen der Besatzungen.

Erstmals sollten in genau bestimmten Zeitabständen große Mengen Papierstreifen abgeworfen werden, die auf einer Seite mit einer Aluminiumfolie überzogen waren. Die Aluminiumfolien, »Windows« genannt, setzten die deutschen Erkennungs- und Zielgeräte außer Betrieb. Der Einsatz von »Windows« war lange umstritten, denn die deutsche Luftwaffe hätte damit das britische Radarsystem ebenfalls lahmlegen kön-

nen. Aber im Sommer 1943 war sich britische Luftverteidigung ziemlich sicher, daß sie kaum mehr mit
deutschen Luftangriffen zu rechnen brauchte.

Der Wissenschaftler Henry Tizard, Hauptberater
der Admiralität, hatte in einem Brief an Churchill auf
die Rolle verwiesen, die Hamburg nach dem Krieg für
die Sieger spielen könne. Der Hafen müsse unbedingt
benutzbar bleiben, die Stadt könne eventuell sogar
Sitz der britischen Besatzungsbehörden werden. Es
sei wichtiger, Hannover, Magdeburg, Braunschweig
und vor allem Berlin anzugreifen.

Diese Überlegungen wurden von der RAF und dem
Bomber Command beiseite geschoben. Am Abend
des 24. Juli 1943 starteten 791 Flugzeuge von 42 Flug-
plätzen. Kurz vor Mitternacht hatten sie die dänische
Küste erreicht und sich vereinigt. Eine halbe Stunde
nach Mitternacht gellten in Hamburg die Alarmsire-
nen, und schon eine weitere halbe Stunde später markierten »Christbäume« die Ziele über der Stadt. Der
Zielpunkt war zwischen Rathaus und Nikolaikirche
gewählt worden, auch weil die Hamburger Binnen-
gewässer sehr klar auf den Ortungsgeräten der Flugzeuge zu erkennen waren. Die britischen Bomber
flogen in sechs Wellen an und warfen 1346 Tonnen
Sprengbomben und 938 Tonnen Brandbomben ab –
350 000 Stück unterschiedlicher Größe. Um 1.55 Uhr
war der schwerste Angriff im bisherigen Verlauf des
Krieges beendet. Zurück blieben 10 289 Tote und 11 500
zerstörte sowie ca. 8000 schwer und leicht beschädigte
Gebäude. Die Angreifer verloren lediglich 12 Flugzeuge; »Windows« hatte sich bewährt. Die Brände in
Hamburg waren sehr schwer zu bekämpfen, da u. a.
durch die bereits abgeschlossene Winterbevorratung

der Einwohner die Feuer in den Kohlekellern reiche Nahrung fanden.

Die Gauleitung der NSDAP untersagte am Tag nach dem Angriff den Hamburgern, die Stadt zu verlassen. Am Nachmittag mußte schon wieder Alarm ausgelöst werden, diesmal wegen der Bomber der 8. USAAF, die erstmals einen kombinierten Angriff gemeinsam mit dem Bomber Command der RAF flogen.[21] Ziel des amerikanischen Angriffs waren die Werften von Blohm & Voss, die Klöckner-Werke und das Hafengebiet. Die angerichteten Schäden waren erheblich. Am 26. Juli wiederholte die USAAF ihren Angriff und traf dieses Mal die Howaldtwerft und das Großkraftwerk Neuhof.

Ein noch schwererer Schlag traf Hamburg in der Nacht zum 28. Juli 1943. 722 britische Bomber erreichten die Stadt und hielten sich an die Taktik der ersten Brandnacht. Zuerst wurden die Sprengbomben abgeworfen – es waren Luftminen, sogenannte Wohnblockknacker –, danach Brandbomben. Die kleineren mit einem Gewicht von ca. 1,7 Kilogramm erzeugten viele kleine Brände, die größeren 30 lb-Bomben (ca. 12 Kilogramm) schlugen durch mehrere Etagen und setzten in den Häusern von unten her alles in Brand. Es wurde die »**Nacht des Feuersturms**«, denn durch die vielen Flächenbrände in der Stadt erwärmten sich die darüberliegenden Luftschichten sehr stark und erhielten einen außerordentlich kräftigen Auftrieb. Über der Stadt entstand ein ungeheures Vakuum, das von allen Seiten frische Luft ansaugte. Die Sogwirkung war unbeschreiblich und entfachte gigantische Stürme mit Temperaturen von 800 bis 1000°C. Durch die vielen kleinen Flächenbrände entstanden kleine Feuerstürme, die zu einem einzigen Feuersturm zusammenwuchsen. Unterstützt wurde die furchtbare Wirkung durch die seit Tagen über Norddeutschland herrschende extreme Trockenheit, niedrige Luftfeuchtigkeit und hohe Tagestemperaturen. Alle Bomben fielen in dichtbesiedelte Wohngebiete, vor allem in den Stadtteilen Rothenburgsort, Hamm, Hammerbrook, Barmbek und Wandsbek. Zurück blieben allein in dieser Nacht 18 000 Tote.

Doch das war noch nicht das Ende der Schrecken. Das Bomber Command wartete eine etwas klarere Sicht über Hamburg ab, und in der Nacht zum 30. Juli 1943 starteten wiederum 786 Flugzeuge, von denen 699 die Stadt in den Vierteln Barmbek, Winterhude, Uhlenhorst, Wandsbek und Hamm mit 1100 Tonnen Spreng- und 1224 Tonnen Brandbomben angriffen. Vor allem Barmbek wurde in dieser Nacht ein Opfer der ausgedehnten Flächenbrände. Wiederum fanden 10 000 Einwohner den Tod in den Flammen oder erstickten in den Kellern und Luftschutzräumen. Mit einem etwas kleineren Einsatz als an den Tagen vorher beendeten die Alliierten am 3. August ihre Angriffsserie auf Hamburg.

Die Stadt war nach dem Inferno ein Ort des Grauens. Die Zahl der Toten wird sich wohl nie genau ermitteln lassen. Die meisten Quellen gehen heute davon aus, daß 42 000 Menschen bei den Angriffen zwischen dem 24. Juli und 3. August ihr Leben einbüßten. Insgesamt 250 000 Wohnungen, etwa 44 % des gesamten Wohnungsbestandes, waren vernichtet worden. Die Versorgung mit Gas, Wasser und Elektrizität, die Verkehrsverbindungen, der Fernsprechverkehr – alles war zusammengebrochen. Schon nach dem zweiten

Opfer des Hamburger Feuersturms

Angriff hatte die Hamburger Parteiführung ihre ursprüngliche Haltung revidiert und die Bevölkerung zum sofortigen Verlassen der Stadt aufgefordert. Binnen weniger Tage mußten aus Hamburg 900 000 Einwohner evakuiert werden. Die meisten waren verängstigt und verstört, viele verwundet. Am 26. und 27. Juli brachten 47 Sonderzüge 47 000 Obdachlose nach Schleswig-Holstein. Auf dem Schienenwege wurden insgesamt etwa 700 000 Einwohner evakuiert, weitere 100 000 auf Schiffen der Elbschifffahrt. Alle verfügbaren Lastkraftwagen, Autobusse und Pferdefuhrwerke wurden für Transporte eingesetzt. Dennoch zogen viele der Ausgebombten zu Fuß und mit einem Handwagen aus der rauchenden Stadt. An den Straßen standen Leute, die ihnen Wasser oder etwas zu essen gaben. Die Hilfsbereitschaft war in diesen Tagen außerordentlich groß.

Bei späteren Evakuierungsaktionen aus deutschen Großstädten stützten sich die Behörden auf die Ham-

Evakuierung aus Hamburg Richtung Ostpreußen

burger Erfahrungen. Weil meist die Eisenbahnanlagen im Stadtzentrum völlig zerstört waren, wurden Sammelpunkte in den Vororten eingerichtet, wo sich der Abtransport der Evakuierungszüge wesentlich geordneter organisieren ließ.

Viele Einwohner widersetzten sich der Evakuierung in weit entfernte Gebiete, durch die eine Rückkehr nach Hamburg erschwert werden sollte. In Mölln kam es fast zu einem Aufstand, als nur jene Lebensmittel erhalten sollten, die in die Transporte einwilligten.

Für die Betriebe und Verwaltungen war der Arbeitskräftemangel ein enormes Problem. Tausende von alten Menschen, die noch über eigenen Wohnraum verfügten, wurden ungeachtet ihres Gesundheitszustandes nach Westpreußen gebracht. Die freigemachten Wohnungen erhielten obdachlos gewordene Hamburger, deren Arbeitsleistung gebraucht wurde, um die Infrastruktur und die Fabriken wieder in Gang zu setzen. Das Dienstleistungsgewerbe, Kaufhäuser, Büros, Kinos, Gaststätten usw. waren überwiegend schwer in Mitleidenschaft gezogen worden.

Trotz der Massenevakuierung von 900 000 Einwohnern waren am 10. August 52 %, am 31. August bereits 75 % und am 19. September 91 % aller Hamburger wieder an ihrem Arbeitsplatz. Am 12. August fanden sich von den vorher beschäftigten 5400 Hafenarbeitern 1400 Zwangsverpflichtete und 600 deutsche Arbeiter wieder ein. Dennoch war der Hafen bereits am 14. August weitgehend wieder betriebsfähig. Die Rüstungsindustrie der Stadt, die weniger Treffer abbekommen hatte, erholte sich rasch.

Himmler, der Reichsführer der SS, und Bormann, der Leiter der Parteikanzlei der NSDAP, sorgten dafür, daß 300 politische Leiter mit Erfahrungen im Katastrophendienst nach Hamburg geschickt wurden, um die recht verworren agierenden städtischen Stellen zu unterstützen. Die Verwaltung wurde in kurzer Zeit neu gegliedert und lag Anfang August schon völlig in den Händen von Parteifunktionären. Das schien der deutschen Führung nötig, denn die Menschen hatten in den Bombennächten die Furcht vor ihren Herren verloren. Parteiabzeichen wurden ihren Trägern von den Kleidern abgerissen, Rufe wie: »Das verdanken wir dem Führer« und »Wir wollen den Mörder« wurden laut. Dagegen wurde nicht eingeschritten. Um die Menge zu besänftigen, ließ die Sozialverwaltung z. B. am Dammtorbahnhof auf ihre Rechnung Lebensmittel verteilen. Viele schon lange aus den Läden verschwundene Köstlichkeiten erhielt das staunende Volk: Butter, Schokolade, Räucherfisch, Dauerwürste, Bohnenkaffee und Schnaps. Für einen kurzen Moment war alles vorhanden, und die Stimmung besserte sich. Mit dieser Methode hatten die zuständigen Organisationen, solange die Vorratslager noch gefüllt waren, schon gute Erfahrungen nach den Angriffen auf Lübeck, Rostock und auf das Rhein-Ruhrgebiet gemacht.

Der Augenzeugenbericht einer 35jährigen Frau aus Hamburg über den Angriff am 27. Juli 1943 erinnert an das Grauen: »*Am 27. Juli befand ich mich mit meiner Schwester, da unsere Wohnung schon beim ersten Angriff am 24/25. Juli restlos zerstört worden war, bei einer befreundeten Familie am Wandsbeker Stieg 20 [...] Gegen 24 Uhr war Alarm [...] Mit den anderen Einwohnern begab ich mich sofort in den Luftschutzkeller des Hauses, der etwa 7 qm groß gewesen sein mag. Etwa nach einer Stunde fielen Bomben Schlag auf Schlag. Manchmal war's, als ob das ganze Haus zitterte. Nach etwa 15 Minuten hörten wir Rufe. Da wir glaubten, daß sie aus dem Nachbarkeller kämen, schlugen wir ein Loch durch die Wand. Die Nachbarn saßen mit den Kindern verängstigt da, hatten aber nicht gerufen. Der Nachbar von rechts hatte gerufen, wir sollten auf der Hut sein [...] Gegenüber stand ein großes Haus in Flammen [...] Gegen 1.30 Uhr machte Herr M. einen Rundgang durch das Haus. Plötzlich rief er: Unser Schlafzimmer brennt, kommt schnell zum Löschen! [...] Wir stürmten nach oben und konnten den Brand auch schnell löschen, es waren die Steppdecken, die brannten. [...] Wir stiegen auf das Dach auf dem es so entsetzlich heiß war, daß ich mich immer wieder für einen Augenblick hinter dem Schornstein verkroch. Ich hatte mir ein nasses Taschentuch vor den Mund gebunden. So konnte ich einigermaßen gut atmen. Immer wieder explodierten Bomben [...] Plötzlich setzte ein orkanartiger Sturm mit Funkenflug ein, daß ich das Empfinden hatte, vom Dach weggeweht zu werden. Ich verkroch mich schleunigst wieder hinter den Schornstein. Aber auch hier bekam ich den Wind von allen Seiten zu spüren; das Atmen wurde schwieriger; die Augen schmerzten und tränten; Arme und Nacken verbrannten mir und an ein Funkenlöschen war überhaupt nicht mehr zu denken. Also rutschte ich und kletterte, so gut das ging, nach unten [...] So weit ich sehen konnte, sah ich nur Feuer. Durch die Luft sausten rote Streifen von Funken und glühenden Holzteilen wirr durcheinander. Es war unerträglich heiß, der Sturm tobte rasend und daneben hörte ich wieder das Explodieren von Bomben und das Krachen der schon teilweise zusammenstürzenden Häuser [...] Wir nahmen Tücher, die wir durch das Wasser zogen und banden sie uns um den Kopf. Dann verließen wir einer nach dem anderen das Haus. Aus einer gegenüberliegenden Straße strömten Menschen herbei, teils mit Decken behängt. Eine Frau torkelte auf mich zu, ich konnte sie aber auffangen. Die Menschen liefen wie die Wahnsinnigen im Feuer hin und her, sie wußten nicht wohin. Im Erdgeschoß eines Hauses schien es noch nicht zu brennen. Ich glaubte, daß ich mich im Erdgeschoß etwas ausruhen könnte und andere Menschen stürzten nach. Als wir die Haustür öffneten, schlug uns Feuer mit lautem Puff entgegen, also floh alles weiter [...] Jetzt hatte ich das Empfinden, als würde ich ohnmächtig. Immerfort kamen Menschen angelaufen, teils blutend, teils Mütter nach ihren Kindern schreiend und umgekehrt. Ich kam mir so erbärmlich vor, weil ich gern helfen wollte, aber ich konnte einfach nicht mehr. Vor allem schmerzten meine Augen so sehr, daß ich befürchtete blind zu werden [...]«*

Die Verursacher der Feuersbrunst, die britischen Flugzeugbesatzungen, waren ebenfalls aufgewühlt:

»Als wir heimwärts flogen, konnten wir das Feuer noch aus 70 Kilometer Entfernung sehen[...] Der Himmel über uns war roter Dunst. Unter uns brannte ein riesiger Hochofen. Niemand in der Maschine sprach ein Wort; wir hatten noch nie ein solches Feuer gesehen und ich werde so etwas auch nie wieder sehen [...]«

Hans Brunswig, ein Feuerwehrhauptmann aus Hamburg, der später den »Feuersturm über Hamburg« in seinem gleichnamigen Buch schildern sollte, hatte in der Nacht zum 28. Juli Dienst in der Hauptfeuerwache. Er schrieb:

»Doch plötzlich setzte ein ungeheurer Bombenhagel ein. Wir wurden durcheinander geschüttelt und hatten große Angst – das soll nicht verschwiegen werden. Als der Bombeneinschlag etwas nachließ, gingen wir nach draußen, um nachzusehen ob Brandbomben auf unser Gebäude gefallen waren. Wir sahen zunächst nur Feuer im Dachstuhl einzelner Häuser, doch nach wenigen Minuten kam ein gewaltiger Sturm auf in Richtung auf die Stadtteile Borgfelde und Hammerbrook [...] Je mehr man sich dem Zentrum dieser Höllenglut näherte, desto stärker wurde der Sturm, und er erreichte schließlich solche Gewalt, daß die Menschen wie welkes Laub von ihm mitgenommen und ins Feuer getragen wurden [...] Es setzte eine Massenflucht auf die Hauptfeuerwache ein. Darunter viele Schwerverletzte. Eine hochschwangere Frau kam völlig nackt durchs Tor gelaufen; sie war in Hammerbrook in einen der Wasserarme gesprungen, um den Flammen zu entkommen. Wenig später brachte sie in unserem Luftschutzkeller ihr Kind zur Welt. In diesen

Stunden der Vernichtung war es uns ein Trost, daß wir melden konnten: Mutter und Kind wohlauf!

Aus einem Fenster der Hauptfeuerwache sah ich, wie aus den Fassaden jenseits des Vorplatzes die Flammen waagerecht und auf einer Länge von 20 Metern herausschossen. Als ich um die Ecke der Hauptfeuerwache herumging, wurde ich glatt vom Feuersturm umgeworfen. Ich mußte kriechend zurück in den Windschatten. In den Straßen bildeten sich regelrechte Feuerwirbel, die in ihren Bewegungen Sandhosen ähnelten und fauchend zwischen den Fassaden entlang rasten. Was ihnen in den Weg kam, wurde wie mit einer gewaltigen Lötlampe in Augenblicken zu Asche verbrannt [...] Wir sahen Hunderte und Aberhunderte von Toten auf den Straßen und im Schutt. An einer Stelle lagen gleich 25 dicht beisammen, fast ausschließlich Frauen und Kinder, in allen Stadien der Verbrennung. Sie hatten hinter einer dichten Hecke Deckung gesucht, doch die Feuerwalze hatte Menschen und Büsche vernichtet[...] In der gleichen Straße stießen wir auf einen Sanitätskraftwagen des Roten Kreuzes. Hinter dem Lenkrad saß tot der Fahrer, neben ihm seine Frau. Sie hatte in den Armen einen etwa sechsjährigen Jungen. Vielleicht hatten sie mit dem Fahrzeug aus Hamburg fliehen wollen. Sie waren unverletzt und ohne Brandwunden. Zweifelsfrei waren sie durch Hyperthermie, durch überheiße Luft ums Leben gekommen [...]«

Auf Drängen von Goebbels hatte Hitler angeordnet, daß Göring am 6. August Hamburg aufsuchte. Selbst wollte Hitler die Zerstörungen nicht in Augenschein nehmen, und die menschlichen Opfer interessierten ihn erst recht nicht. Er lehnte auch den Vorschlag des

Hamburger Gauleiters Kaufmann ab, eine Delegation von Männern und Frauen zu empfangen, die sich bei den Angriffen durch Mut, Tatkraft und Umsicht besonders bewährt hatten. Wenn Hitler durch zerstörte Städte mit dem Zug fuhr, ließ er die Fenster verhängen.

Göring wertete die bitteren Resultate des Hamburger Infernos kurz darauf bei einer Beratung der Luftwaffengeneräle im Führerhauptquartier in Rastenburg (Ostpreußen) aus.[22] Die Spitzen der Luftwaffe kamen überein, nun habe Vorrang, den Feind am Himmel über Deutschland zu schlagen, erst dann sollten wieder größere Angriffe erfolgen. Die Produktion von Flugzeugen müsse sich vorerst auf Jäger konzentrieren, um die Luftüberlegenheit wiederzuerlangen. Als Göring diesen Standpunkt unmittelbar darauf im Führerbunker vertrat, wies Hitler ihn scharf zurecht. Hitler kritisierte die Leistungen der Luftwaffe und verlangte Angriffe auf Großbritannien, um »Terror mit Terror zu brechen«, deshalb habe die Produktion von Bombern Vorrang. Frustriert berichtete Göring im Kreis seiner Generäle über den »Befehl des Führers«.

Es kam in der folgenden Zeit weder zu bedeutenden Angriffen auf Großbritannien, noch erreichte die deutsche Luftwaffe, trotz einer Erhöhung der Produktion von Jagdflugzeugen, wieder Luftüberlegenheit. Da es 1944 erheblich an Sprit mangelte, konnte nur ein Teil der neuentwickelten Düsenjäger Me 262 starten.

Die öffentlichen Informationen über den fürchterlichen Schlag gegen die Hansestadt Hamburg waren sehr dürftig. Die neue Größenordnung alliierter An-

griffe gegen deutsche Städte war den deutschen Macht-
habern unter die Haut gefahren – Goebbels, dem in
seiner Funktion als Reichspropagandaminister immer
neue Erläuterungen, sprich Ausreden, einfallen mußten, tat sich schwer, das Geschehen zu erklären. Er
notierte schon am 25. Mai 1943 in seinem Tagebuch:
»*Wir müssen uns doch darüber klar sein, daß die Bevölkerung im Westen langsam anfängt mürbe zu werden. Diese Hölle ist ja auf die Dauer auch nur schwer
zu ertragen.*«

Der folgende Bericht des SD (NS-Sicherheitsdienst;
dem Reichsführer der SS, Himmler, unterstellt) vom
5. August 1943 spiegelt wohl auch die Stimmung des
Verfassers wider: »*Es bewahrheiten sich die Behaup-
tungen der Gegenseite, vor allem von Churchill, daß
erst im Jahre 1943 die Massenproduktion der Alliierten im vollen Umfang anlaufen werde, während unsere eigenen Gegenargumente, daß wir bis dahin alle
kriegsentscheidenden Positionen in der Hand haben
würden und daß auch in Amerika nur mit Wasser ge-
kocht werde, sich als immer fragwürdiger erweisen
[...] Aus dem Luftkrieg ergibt sich für breiteste Volks-
kreise die Empfindung, daß man aufgrund der eigenen Einsatzkraft die Dinge nicht wenden kann, sondern daß sie – einmal entfesselt – sich gewissermaßen
selbständig gemacht haben, und sich der Krieg nach
Gesetzmäßigkeiten entwickelt, auf die wir kaum noch
Einfluß nehmen können. Typisch sind Aussprüche wie:
›Die greifen an wo sie wollen. Mit unserer Initiative
ist es vorbei‹ oder ›Was sollen wir machen? Es nimmt
alles seinen Lauf‹.*

*Der Luftkrieg verstärke das Gefühl der Wehrlosig-
keit des einzelnen, aber auch der Gemeinschaft gegen-*

über den aus der Luft drohenden technischen Gewalten.«

Aus den Angriffen wurden keine Schlußfolgerungen gezogen, die bisherigen Luftschutzregeln galten weiter, obwohl sie bei dem neuen Ausmaß der Flächenbombardements nicht angemessen waren. Die Deutschen erfuhren häufig allein durch Erzählungen von Evakuierten, welch grausame Dimension des Krieges auf sie zukam. Selbst gegenüber den Fliegerabwehreinheiten und Organen des Luftschutzes bagatellisierte man die Katastrophe. Damit wurden leichtsinnig Möglichkeiten verspielt, die Zahl der Opfer einzuschränken. Das sollte sich sehr bald in vielen Orten zeigen.

Die nächste deutsche Großstadt, die mit einer ähnlichen Strategie »ausgelöscht« werden sollte, war **Kassel.**[23] Diese Stadt hatte in der deutschen Rüstungsindustrie eine dominierende Stellung inne. In den Henschel-Werken wurden Panzer- und Panzerfahrzeuge sowie Lastwagen und Flugmotoren hergestellt, in den Werken der Fieseler Flugzeugfabrik Aufklärungs- und Jagdflugzeuge. Seit 1942 wurden in Kassel insgesamt 500 Stück der sogenannten »Vergeltungswaffe«, der »Wunderwaffe« V 1, produziert.

Das Bomber Command hatte Kassel wegen der Fieseler-Werke und wegen der agitatorischen Wirkung auf die eigene Bevölkerung als »vordringlich zu bekämpfendes Ziel« benannt. Zudem waren die Bedingungen für ein Flächenbombardement ideal. Die USAAF hatte die Stadt für einen ihrer ersten Einsätze gegen Werke der Flugzeugindustrie ausgewählt.

Die kommunale Verwaltung hatte frühzeitig Maßnahmen zum Schutz gegen Luftangriffe ergriffen. Für ca. 10 000 Einwohner baute man Bunkeranlagen und für weitere 70 000 splittersichere Räume. Dazu wurden Gebäude in der Altstadt durch 80 000 Mauerdurchbrüche verbunden und regelrechte Verbindungsstollen in die Erde getrieben. Das sollte sich jedoch als sinnlos erweisen, denn mit der neuen Bombardierungstaktik wurden ja nicht mehr einzelne Häuser, sondern ganze Blocks getroffen, manchmal ganze Stadtteile. Nach Angriffen der 8. USAAF Ende Juli 1943 wurde aufgrund der Hamburger Erfahrungen in Kassel die Evakuierung eingeleitet. Doch zu Beginn der kalten Jahreszeit kehrten die meisten Evakuierten wieder zurück. Mit Nachdruck bemühte sich die Stadtverwaltung, Selbstschutzmaßnahmen zu organisieren, da keine Hilfe durch auswärtige Feuerwehren und andere Luftschutzeinheiten zu erwarten war. Die nächste Großstadt, die Gerät und sachkundige Helfer hätte bereitstellen können, lag 200 Kilometer entfernt. Man glaubte, mit eigenen Kräften auskommen zu können, da ein Angriff von 500 britischen Flugzeugen am 3. Oktober keine Katastrophe auslöste. Bei diesem Einsatz wurden die Markierungsbomben durch starken Wind nach Norden abgetrieben und die Bomben gingen größtenteils in den Vororten nieder. Sie zerstörten über 380 Wohnhäuser und beschädigten etwa 3000, auch die Fieseler-Werke wurden getroffen. Es gab Tote und Verletzte. Das Bomber Command erkannte aus den Luftaufnahmen, daß die Schäden bei weitem geringer ausgefallen waren als erwartet und setzte für den 22. Oktober einen neuen Großangriff an.

Dieses Mal verlief alles wie von der RAF geplant. Die deutsche Flugabwehr hatte sich täuschen lassen und angenommen, der Einsatz würde Frankfurt gelten. Diese krasse Fehlbeurteilung hatte schlimme Folgen. Der Alarm wurde viel zu spät ausgelöst; bei Ertönen der Sirene fielen die ersten Markierungsbomben, während des ganzen Angriffs wurden weitere abgeworfen. Die Bomberbesatzungen verrichteten ihr Werk in einer knappen halben Stunde. Auf dem Rückflug konnten Nachtjäger 42 Flugzeuge abschießen, das waren 7,38 % aller am Einsatz beteiligten Maschinen, aber den Kasseler Einwohnern nutzte das nichts mehr.

Eine Dreiviertelstunde nach dem Abwurf entwickelte sich der Feuersturm. Die Bewohner hatten die Luftschutzkeller noch nicht verlassen, weil keine Entwarnung ausgelöst worden war. Die Straßen und Gassen der Altstadt waren nicht mehr passierbar, und die Mauerdurchbrüche, häufig zu klein und nicht ebenerdig angesetzt, sowie die Verbindungsstollen erwiesen sich als eine Falle, aus der es kaum ein Entrinnen gab. Die Menschen liefen von Durchbruch zu Durchbruch, andere Rettungssuchende kamen ihnen entgegen, häufig war kein Weiterkommen möglich.

Man zählte nach dem Angriff 5830 Tote, von denen fast ein Drittel unidentifiziert blieben. Viele, die den Angriff bei rechtzeitiger Warnung und Entwarnung hätten überleben können, waren in den Kellern jämmerlich erstickt. Bei der Identifizierung der Toten gab es große Probleme. Aufgrund des späten Alarms und der frühen Abendstunde waren viele Einwohner noch unterwegs und die Gaststätten gut gefüllt gewesen. Die Menschen waren in den erstbesten Keller geeilt, ihre Fluchtversuche durch die Stollen und Mauerdurchbrüche endeten meist weit entfernt von eigenen

Splittergräben boten der Bevölkerung keinen hinreichenden Schutz

Schutzräumen. Viele hatten ihre Ausweispapiere nicht am Körper, sondern im Luftschutzgepäck, das irgendwo zurückgelassen worden war.

In Kassel hatten vorher 230 000 Menschen gelebt. Die Todesrate des Angriffs – 2,65 % der Einwohnerzahl – war bis Oktober 1943 eine der höchsten überhaupt. Der Verwesungsgeruch war nach wenigen Tagen so stark, daß die Leichen, identifiziert oder nicht, zum Teil in Massengräbern bestattet werden mußten. Wegen der schnellen Grünfärbung der Leichen wurde zunächst die Anwendung von chemischen Kampfmitteln durch die Angreifer nicht ausgeschlossen. Diese Annahme konnte aber durch die genauere pathologische Untersuchung der Opfer widerlegt werden.

Makaber muten heute die Hinweise zur weiteren Verwendung von Lebensmitteln an, die sich in den Kellern befunden hatten, in denen Leichen gefunden worden waren. Kartoffeln, Obst und Zwiebeln könne man noch verzehren, man möge sie aber vorher dick schälen. Bei Gurken und Sauerkraut in offenen Töp-

Identifizierung von Toten nach dem Brand von Kassel

fen solle man die obersten Schichten vorsichtshalber
entfernen.

Sieben Tage nach dem Angriff waren noch nicht
alle Feuer gelöscht. Von den 55 000 Wohnungen waren 35 000 nicht mehr bewohnbar, also 65 %. 150 000
Menschen wurden obdachlos. Darüber hinaus waren
alle Kaufhäuser, Kinos, Theater und öffentlichen Ver-
waltungsgebäude zerstört worden. Der Hauptbahnhof und die dazugehörigen Anlagen waren nicht
mehr funktionsfähig, alle Versorgungsanlagen für Gas,
Wasser, Energie schwer beschädigt und der inner-
städtische Verkehr für lange Zeit außer Betrieb gesetzt
worden.

Die Rüstungsindustrie wurde erheblich in Mitleidenschaft gezogen, die Produktion von Panzern, Ge-
schützen zur Panzerabwehr und Flugzeugen ging
zunächst stark zurück, hatte sich aber nach vier Mo-

naten wieder erholt und erreichte im Sommer 1944 Höchstwerte.

Während des Angriffs wurden größere Mengen eines Flugblatts abgeworfen, in dem das Bomber Command seine Ziele definierte:

»Wir werden unsere Angriffe so lange fortsetzen und steigern, bis die Kriegsproduktion in Deutschland aufgehört hat. Nur die bedingungslose Kapitulation der Regierung Hitler kann diesem Prozeß ein Ende setzen. So lange diese bedingungslose Kapitulation nicht erfolgt ist, stellen sämtliche deutschen Industriestädte einen Kriegsschauplatz dar.

Jede Zivilperson, die sich auf diesem Kriegsschauplatz aufhält, läuft ebenso Gefahr, ihr Leben zu verlieren, wie jede Zivilperson, die sich unbefugt auf einem Schlachtfeld aufhält.

Was die Frauen und Kinder betrifft, so haben sie auf einem Schlachtfeld nichts zu suchen.

Was die Belegschaften der Rüstungswerke betrifft, so sind sie in der Lage einer Armee, deren Verteidigung zusammengebrochen und deren Vernichtung unvermeidlich ist.

Soldaten in einer solchen Lage können ohne Schmälerung ihrer Ehre den Kampf einstellen«.

Dieser Text mußte für die Zivilbevölkerung wie eine Verhöhnung klingen.

In **Sachsen** hatte der Luftkrieg bis 1943 noch zu keinen wesentlichen Beeinträchtigungen geführt. Zwar wurde die Region nahezu täglich von an- und abfliegenden Bomberverbänden überflogen, Flugzeuge, die ihr Ziel nicht erreicht oder verfehlt hatten, ließen Bomben fallen, und getroffene Maschinen stürzten über sächsischem Territorium ab, doch es hatte bisher keinen Großangriff auf ein sächsisches Stadtgebiet gegeben. Mit den seit 1942 nicht abreißenden Strömen von Evakuierten und Ausgebombten aus dem Rheinland, dem Ruhrgebiet und dem norddeutschen Raum wuchs die Angst der Bevölkerung vor Angriffen auf ihre Heimat. Die drastischen Berichte über die Bombardierung Hamburgs im Juli 1943 und Kassels im Oktober 1943 machten ihr klar, was auf sie zukommen würde. Die Stimmung war von großer Furcht und von dem Gefühl geprägt, bei weitem nicht genug Vorsorge getroffen zu haben. Aber natürlich zugleich von der Hoffnung, die eigene Stadt werde aus einem unerforschlichen Grund nicht angegriffen.

Die Unruhe bemächtigte sich auch der zuständigen Dienststellen in der Partei, in den Ministerien des Landes und Magistraten der Großstädte. Deren Mitarbeiter wußten, daß die Bevölkerung keinesfalls ausreichend geschützt war. Daher wurden Flächen und Gebäude für Räumungsgut bereitgestellt und Sportplätze als Sammelplätze für erwartete Bombenopfer ausgewiesen. Beim Deutschen Gemeindetag gingen im September 1942 Anfragen über Begräbniskosten ein, und die Reichsstelle für Glas, Keramik und Holzverarbeitung sollte im September 1943 über einfachste Bestattungsmöglichkeiten bei fehlenden Särgen Auskunft geben. Leipziger Behörden wollten von den Hamburgern wissen, ob und wieviel Schnaps sie für jene bereithalten sollten, die Leichen zu bergen haben.

Die erste Stadt im damaligen Gau Sachsen, die Großangriffe zu überstehen hatte, war **Leipzig.**[24] Mit einer engbebauten Innenstadt und einem hohen Wohnanteil sowie einer bedeutenden Rüstungsindustrie war Leipzig ein günstiges Ziel für ein Flächenbombardement. Hier war z. B. eine starke Flugzeugindustrie zu Hause, in den Erla-Werken in Leipzig-Mockau und in Abtnaundorf wurden in Lizenz ca. 30 % aller Jagdflugzeuge vom Typ Me 109 hergestellt.

Am 20. Oktober 1943 erreichten 287 Bomber gegen 21.00 Uhr Leipzig. Bei schlechtem Wetter mit Vereisungsgefahr und Gewitterstürmen wurden die ausgesetzten Markierungsbomben nicht erkannt oder falsch gewertet; jedenfalls trafen die abgeworfenen Bomben die vor der Stadt liegenden Ortschaften Paunsdorf und Stötteritz. Mit 38 Toten und wenigen zerstörten Wohnhäusern blieben die Verluste noch relativ gering.

Dieser erste Angriff hatte die Erwartungen bei weitem nicht erfüllt, der nächste basierte auf einem neuen Konzept. Um die deutsche Luftabwehr zu irritieren, sollten einige Mosquitos über Berlin Markierungsbomben abwerfen und einen Angriff auf die Reichshauptstadt vortäuschen, bevor die Mehrzahl der Bomber Leipzig ansteuern sollten.

Am Morgen des 4. Dezember 1943 befanden sich Bomber im Angriffsflug auf Berlin, bogen aber bei Brandenburg zur Überraschung der deutschen Luftabwehr nach Süden ab. In drei Wellen überflogen sie zwischen 3.50 und 4.25 Uhr Leipzig und warfen, diesmal gut geführt durch korrekt abgeworfene Markierungsbomben, 665 Tonnen Spreng- und 617 Tonnen Brandbomben ab. Die Erfahrungen von Kassel und Hamburg nutzend, hatten sie einen Brandangriff geflogen, der zu denselben großen Feuerstürmen wie in den beiden anderen Städten führen sollte.

Seit den Angriffen im November auf Berlin waren 15 von 28 Löschzügen mit dem dazugehörigen Personal dorthin abgezogen worden. Zwar hatte man rechtzeitig die Feuerwehren der umliegenden Gemeinden nach Leipzig beordert, aber nicht beachtet, daß deren Mannschaften Adapter für den Anschluß an Leipziger Hydranten benötigten. Ein schwerwiegendes Versäumnis. Überdies war das Löschwassernetz durch Sprengbomben so schwer getroffen worden, daß kaum noch Wasser angesaugt werden konnte und die Dachstuhl- und Häuserbrände sich vereinigten.

Der damalige Generalinspekteur für das Feuerlöschwesen, Hans Rumpf, schildert »*das Aufkommen mehrerer großer Stürme*«. Durch einen Feuersturm, »*wie er selbst in Hamburg nicht aufgetreten ist, wurden beispielsweise starke Bäume umgeknickt, Autos umgeworfen, Kraftfahrspritzen von den Saugleitungen gerissen und umgeworfen, Feuerschlauchleitungen auf Bäume und Hochspannungsleitungen geschleudert, Offiziere und Männer der Feuerlöschkräfte über Straßen und Plätze gewirbelt und dabei getötet oder verletzt*«.

Rumpf nannte in seinem Abschlußbericht drei Gründe für die außerordentliche Gewalt des Feuersturms: In den Messehallen, die sich in unmittelbarer Nähe der überfüllten Wohnquartiere befanden, wurden brennbare Materialien gelagert, die Sammelwasserleitungen hatten einen zu kleinen Querschnitt und waren wegen des Druckabfalls wenig leistungsfähig, die Feuerwehr war hoffnungslos unterbesetzt. In der Brandnacht entfielen auf einen Feuerwehrmann etwa zehn Brände.

Entwarnung gab es jeweils erst eine Stunde nach Beendigung des Angriffs, vorher war es nicht erlaubt, die Luftschutzräume zu verlassen. Die Mehrheit der Leipziger hielt sich nicht daran, sondern versuchte sofort zu löschen und Wohnung und Hausrat zu retten. Auch erkannten sie früher, wo nichts mehr zu retten war, und ergriffen dann die Flucht. Die Verluste an Menschenleben waren in Leipzig deshalb geringer als in Hamburg und Kassel. Die meisten Opfer kamen durch Sprengbomben, nicht durch Feuer und Ersticken zu Tode. Leipzig rückte jedoch in der Statistik der Wohnraumverluste in die Spitzengruppe: 41 % des Wohnraums waren zerstört. Die 140 000 Obdachlosen wurden überwiegend in Sachsen sowie in der Umgebung von Leipzig untergebracht.

Auch die öffentlichen Gebäude, Läden, Theater, Kinos, Gaststätten, mit denen Leipzig als Messestadt gerade im Zentrum gut ausgestattet gewesen war, wurden weitgehend zerstört. Die Netze für Gas, Strom und Wasser, aber auch Straßenbahnanlagen waren ebenfalls schwer getroffen, und die Reparaturen zogen sich verhältnismäßig lange hin.

Die eigentliche Rüstungsindustrie hingegen, der ja der Angriff vornehmlich gelten sollte, hatte das Bombardement ohne wesentliche Schäden überstanden. Lediglich durch die Ausfälle an Arbeitskräften mußte die Produktion zeitweilig eingeschränkt werden.

Der sächsische Gauleiter Martin Mutschmann trug den Hauptanteil an der mangelhaften Vorbereitung der sächsischen Großstädte. Am Tag nach dem Angriff besuchte er Leipzig, nahm an den Sitzungen des Einsatzstabes teil und sicherte umgehende Hilfe zu. Diese propagandistisch aufgewertete Visite sollte die Leipziger Bevölkerung beruhigen. Mutschmann schob alle Verantwortung auf Dienststellen ab, die seinem

Kommando nicht unterstanden, und zog keineswegs die notwendigen Konsequenzen für weitere Angriffe auf Städte seines Einflußbereichs. So blieb es bei der mangelhaften Vorsorge, die er vor diesem Angriff als ausreichend betrachtet hatte.

Nach dem Besuch in Leipzig kam Mutschmann zu dem Schluß, »*daß sich gerade der einfache Mensch am besten in das Unausweichbare, in die größeren und höheren Gesichtspunkte einfügt*«. Deshalb hielt er wahrscheinlich die Errichtung eines sicheren Luftschutzkellers auf seinem privaten Grundstück für besonders wichtig.

Leipzig war bis eine Woche vor dem Einmarsch der US-Armee am 18. April 1945 noch 24mal Ziel von Angriffen der alliierten Luftstreitkräfte mit zum Teil verheerenden Folgen. Besonders die Bombardements am 20. Februar, am 29. Mai, am 7. Juli 1944 und die beiden letzten Angriffe am 6. und 10. April 1945 waren für die Zivilbevölkerung der Stadt sehr verlustreich. Die Schäden in Industrieanlagen und Fabriken für die Herstellung von Rüstungsgütern waren bis zum Kriegsende bei weitem nicht so schwer wie die in den Wohngebieten.

Die Angriffe der 8. USAAF auf Ziele der deutschen Rüstungswirtschaft

In den ersten Monaten des Jahres 1944 hatten die Alliierten Luftstreitkräfte erfolgreiche und verlustarme Angriffe durchgeführt, z. B. am 2. März auf Stuttgart und am 27. März auf Essen, aber auch herbe Fehlschläge hinnehmen müssen. Beim ersten großen Angriff auf Magdeburg am 21./22. Januar 1944 verlor das Bomber Command 55 von 648 eingesetzten Flugzeugen, am 20. Februar über Leipzig 78 von 823 und am 31. März 1944 über Nürnberg 95 von 782. Bei solchen Quoten zwischen 8,4 und 12,1 % konnten eventuell die Verluste an Maschinen ausgeglichen werden, der Ausfall an erfahrenen Besatzungen war nicht mehr zu kompensieren. Der Einsatz von britischen Nachtjägern war ebenfalls ein Fehlschlag, denn sie büßten mehr Maschinen während der Ausbildung ein, als sie über Deutschland vernichteten. Auch die erhoffte Demoralisierung der deutschen Bevölkerung ließ auf sich warten. Das Fazit konnte nur lauten, daß mit einer Erzwingung der Kapitulation Deutschlands fast ausschließlich durch Flächenbombardements nicht zu rechnen war. Churchill stellte am 25. Januar 1944 fest: *»Alle meine Nachrichten aus dem Innern Deutschlands besagen, daß Hitler und seine Regierung die Zügel noch fest in der Hand haben und noch keine Anzeichen für eine Revolte als Folge der Bombardierung vorliegen.«*

Trauerfeier in Magdeburg für die Toten des Angriffes der RAF vom 21./22. Januar 1944

Auf hartnäckiges Drängen des im Januar 1944 in Großbritannien eingetroffenen Befehlshabers aller »Overlord«-Streitkräfte, Dwight D. Eisenhower, wurde am 9. März 1944 eine Vereinbarung geschlossen, die eine weitgehende Einsatzkontrolle aller alliierten Luftstreitkräfte durch das Oberste Alliierte Hauptquartier vorsah. Die Luftangriffe sollten stärker als bisher mit den übrigen Aktionen der Streitkräfte koordiniert werden. Die Erringung der uneingeschränkten Luftherrschaft war für die Befehlshaber von **Overlord** die Voraussetzung, um das Risiko der Invasion an der französischen Küste zu minimieren. Die Luftkriegsstrategen sahen darin eine Vorbedingung, um Angriffe größten Ausmaßes – unbehindert durch die deutsche Luftabwehr – zu fliegen. Durch Änderungen der Angriffsstrategien und die nunmehr auch bis zu weiter entfernten Zielen mögliche Jägerbegleitung sollten die Effektivität der Bombardements verbessert und die eigenen Verluste reduziert werden.

Am 20. Februar 1944 starteten die 8. und 15. USAAF zum ersten Angriff einer Serie, die am 22., 24., und 25. Februar 1944 fortgesetzt wurde, und griffen 21 Flugzeugwerke sowie Reparaturwerften und Flugplätze an.[25] Ziele waren mehr als 20 Orte in Deutschland. Zum Einsatz kamen fast 7000 Flugzeuge, darunter 3800 Bomber, die 10 000 Tonnen Bomben abwarfen. Nachdem bei zwei Einsätzen gegen die Kugellagerwerke in Schweinfurt am 24. Februar der Hauptangriff völlig mißlungen war und 2000 Tonnen Bomben in der Umgebung der Stadt explodierten, wurden die Angriffe der »**Big Week**« einen Tag später wegen schlechten Wetters eingestellt. Die deutsche Flugzeugproduktion ging von 2445 Stück im Januar 1944 auf 2015 im Februar zurück, stieg aber im März schon wieder auf 2672. Im April wurden mehr als 3000 und im Juli mehr als 4000 Flugzeuge hergestellt.

Die amerikanischen Luftstreitkräfte verloren in der »Big Week« 226 Bomber, 28 Jäger und 2600 Mann an fliegendem Personal. Die Aktion war zwar keineswegs der tödliche Schlag für die deutschen Flugzeugwerke, wie häufig dargestellt, wohl aber wurden die Jäger der deutschen Luftwaffe in den Tageseinsätzen gegen die amerikanischen Begleitjäger stark dezimiert. Immer öfter waren sie die Gejagten, auch bei den Besatzungen ließen sich die deutschen Verluste nicht mehr ausgleichen, während die Verluste der Amerikaner geringer wurden. Die Luftkämpfe an der sowjetischen Front hatten den Aderlaß befördert.

Nun schien es den amerikanischen Bombergeneralen wieder möglich, mit der Luftmacht vor Beginn der Invasion den Sieg zu erringen. Auch die RAF lehnte die von den Overlord-Strategen geforderten Präzisionseinsätze strikt ab. Das Hauptquartier der alliierten Streitkräfte plante solche Angriffe auf französische Eisenbahnanlagen, um die Umgruppierung deutscher Truppen zu verhindern.

Der Air Staff befahl dem Bomber Command, sechs Versuchsangriffe gegen Bahnanlagen zu fliegen. Die Trefferquote war so groß, daß eine gezielte Bombardierung von Rüstungsbetrieben innerhalb deutscher Industriestädte mit vertretbaren Kosten als Alternative zu Flächenangriffen möglich schien. Insgesamt 79 Eisenbahnzentren in Nordfrankreich und Belgien sowie 14 im Süden Frankreichs wurden bis Juni 1944 in Tag- und Nachteinsätzen bombardiert. Auch Brücken, Küstenbefestigungen und Anlagen für den Abschuß von Raketenwaffen wurden zerstört. Den größten Anteil an diesen Angriffen, die mehr als 10 000 Franzosen das Leben kosteten, hatten die Bomber der RAF. Wahrscheinlich hätten die deutschen Truppenverschiebungen und Nachschublieferungen auch auf andere Weise, z. B. durch stärkere Aktionen der Résistance, behindert werden können.

Nach Meinung von Mitarbeitern der USAAF hätten andere Prioritäten bei der Auswahl von Angriffszielen zur Vorbereitung und Einleitung von Overlord gesetzt werden sollen, da nur 20 % der Eisenbahnkapazitäten militärisch genutzt würden. Am 12. März 1944 hatten sie dem alliierten Oberkommando den Vorschlag unterbreitet, zunächst U-Boot-Basen, Betriebe der Kugellagerindustrie, Hydrierwerke und Raffinerien, Anlagen zur Herstellung synthetischen

Kautschuks, Objekte der Kraftfahrzeug- und Panzer-
fertigung anzugreifen. Verkehrsanlagen und Bahnhöfe standen am Ende der Liste.

Im Frühjahr und Sommer 1944 galten fast 70 % der
Operationen der Combined Bomber Offensive Anlagen der deutschen Rüstungsindustrie.[26] Dieser Anteil war im Zweiten Weltkrieg nie wieder so hoch. Bis
zu diesem Zeitpunkt waren lediglich 1 % aller seit
Kriegsbeginn abgeworfenen Bomben auf die deutschen
Treibstoffwerke gefallen. Selbst die deutsche Seite
fragte sich verwundert, »*warum die Anglo-Amerika-
ner diese Anlagen noch nicht zerschlagen haben, wozu
sie doch beim erreichten Stand der Angriffstechnik in
der Lage wären. Mit der Zerstörung unserer wenigen
großen Raffinerien und Hydrierwerke könnten sie
einen Erfolg erringen, der tatsächlich die Möglichkeiten einer Fortsetzung des Krieges durchaus in Frage
stellen würde. […] Bei der großzügigen und auf lange
Sicht eingestellten Politik der Briten ist es durchaus
denkbar, daß der Feind es deshalb nicht tut, um
Deutschland nicht außerstande zu setzen, den Krieg
gegen Rußland weiterzuführen, da ein Abringen der
deutschen und russischen Kräfte gegeneinander in seinem Interesse liegt.*«

Die Briten wollten Objekte der deutschen Treibstoffindustrie erst nach der Invasion bombardieren.
Aber auf Befehl von Eisenhower wurden ab 5. April
Angriffe gegen die Mineralölwirtschaft und die Erd-
ölfelder von Ploiẽti in Rumänien geflogen.[27]

Der Anteil synthetischer Treibstoffe am deutschen
Gesamtaufkommen lag damals bereits bei 55 %. Die
Haupterzeugungsstätten waren bekannt; sie lagen in
der Nähe der Rohstoffvorkommen, also der Stein-

kohle- und Braunkohlelagerstätten im Ruhrgebiet, in Sachsen und Oberschlesien. Die alliierten Stäbe waren sich zu diesem Zeitpunkt darüber im klaren, daß ihre Luftstreitkräfte mit Angriffen auf diese Ziele sehr wohl mehr als den Kampf um die Luftherrschaft beeinflussen konnten.

Die am 12. Mai 1944 begonnene Angriffsserie der USAAF sollte zu den erfolgreichsten gehören. An diesem Tag griffen 814 Bomber in drei Wellen **Hydrierwerke** in Leuna, Böhlen, Lützkendorf, Brüx (heute Most, CZ), Zeitz und einigen weiteren Orten an. Die Einsätze am 28. und 29. Mai fügten der deutschen **Treibstoffindustrie** den schwersten Schlag zu, als jeweils fast 900 Bomber insgesamt 4000 Tonnen Bomben auf 30 Objekte warfen und 36 % der synthetischen Treibstoffindustrie außer Betrieb setzten. Die Angriffe wurden systematisch weitergeführt, bis zum April 1945 wurden 86 000 Tonnen Bomben auf Objekte der deutschen Mineralölwirtschaft abgeworfen.

Insgesamt wurden 66 Werke getroffen. Die deutsche Treibstoffproduktion sank von 170 000 Tonnen im Mai 1944 auf 20 000 im August 1944, und in den letzten Kriegsmonaten betrug sie nurmehr 5000 Tonnen im Monat. Der Mindestbedarf aber lag bei 100 000 Tonnen. Die Luftwaffe mußte die Abwehrflüge und die Flugausbildung bald einschränken. Deshalb wurden nur noch Bomberpiloten auf Jagdflugzeuge umgeschult.

Im Oktober und November 1944 richtete die RAF mit dem Bomber Command fast die Hälfte ihrer Angriffe auf zivile Ziele und die USAAF 48 % ihrer Angriffe auf städtische Verkehrsanlagen. Diese Pause ermöglichte der deutschen Treibstoffindustrie eine gewisse Erholung, die Produktionsmengen stiegen wieder an, blieben allerdings nur auf geringem Niveau. Die Meinungen der Historiker über die Ursachen der Unterbrechung gehen weit auseinander.

Die deutsche Führung nahm die Angriffe auf die Treibstoffzentren sehr ernst. Rüstungsminister Speer traf schon am 14. Mai in Leuna ein, um eine Besprechung über die Auswirkungen des Angriffs zu leiten und Maßnahmen zur Schadensbehebung anzuweisen. Das Versorgungsnetz für Dampf, Gas, Wasser und weitere Medien ist in den Anlagen der chemischen Industrie besonders aufwendig und weitläufig, Defekte hatten recht große Auswirkungen auf den Produktionsprozeß. Eine Verlagerung von Betrieben, in der Rüstungsindustrie sonst durchaus mit Erfolg gehandhabt, war nicht möglich.

Die Offensive gegen die deutsche Treibstoffindustrie ist eine der bedeutendsten Aktionen zur schnelleren Beendigung des Krieges gewesen und zeitigte sehr nachhaltige Folgen. Die deutsche Kriegsmaschine konnte die Ausfälle nicht mehr wettmachen. Dieser Zustand wäre vielleicht schon früher eingetreten, wenn sich die Befürworter großer und konzentrierter Angriffe auf die deutsche Treibstoffindustrie hätten durchsetzen können. Die häufig geäußerte Meinung, die lange Zurückhaltung sei auf die Kapitalbeteiligung der Standard Oil und der Royal Dutch Shell an den deutschen Hydrierwerken zurückzuführen, dürfte nicht ganz falsch sein.

Die Luftschlacht
um die Reichshauptstadt

Die britische Regierung hatte schon lange sehr intensive Luftangriffe auf **Berlin,** das Zentrum der deutschen Kriegführung, vorgesehen. Wegen der größeren Entfernung und der sehr starken Luftabwehr in und um Berlin hatte die RAF bis 1942 jedoch nur schwache Einsätze gegen die Reichshauptstadt geflogen und dafür die im Westen Deutschlands gelegenen Großstädte angegriffen. Besonders Churchill lag daran, auch aus propagandistischen Gründen, Berlin nunmehr stärker einzubeziehen. Luftfahrtminister Sinclair und das Bomber Command erklärten, nur ein Angriff mit mindestens 500 Flugzeugen wäre sinnvoll. Im Januar 1943 einigten sich Harris und die Oberbefehlshaber der RAF schließlich über die Strategie zur Bombardierung Berlins.

Die am 16. Januar begonnene Luftoffensive gegen Berlin dauerte in unterschiedlicher Intensität bis zur Kapitulation Deutschlands an. Bis Ende März flog das Bomber Command fünf Großangriffen mit insgesamt 1415 Flugzeugen. Danach wurden bis zum 20. August 1943 nur noch wenige Höhenbomber »Mosquito« von DeHavilland dafür eingesetzt. Diese konnten von der deutschen Fliegerabwehr kaum erreicht werden und kehrten regelmäßig fast ohne eigene Verluste zurück.

Churchills Vorschlag vom April, Zeitbomben konzentriert auf Regierungszentren, Hauptbahnhöfe und ähnliche öffentliche Schlüsselpunkte abzuwerfen, lehnte das Bomber Command ab. Nachdem der Premierminister im August darauf drängte, Berlin nach »Hamburger Maßstab« zu bombardieren, führte die RAF drei Großangriffe durch, bei denen 1647 Flugzeuge zum Einsatz kamen, von denen 1432 das Ziel erreichten. Wegen der hohen Verluste (123 Maschinen) ging man bis zum 18. November 1943 wieder zu nadelstichartigen Attacken von wenigen Mosquitos über.

Nach den Angriffen auf Hamburg war absehbar, daß Berlin bald wieder stärker Ziel britischer Luftangriffe sein würde. Deshalb sollte die Hauptstadt weiter entvölkert werden; Goebbels appellierte am 6. August 1943 mit einer Hauswurfsendung an die nicht unbedingt gebrauchte Bevölkerung, die Stadt zu verlassen. Diese Initiative führte zu panikartigen Zuständen. In Innenhöfen forderten Ausrufer Frauen mit Kindern, Rentner und andere nicht im Kriegseinsatz befindliche Personen zum Verlassen Berlins auf. Danach bildeten sich in der Albrechtstraße lange Schlangen. Die Evakuierungswilligen mußten dort bleiben, bis sie den Bahnsteig des Bahnhofes Friedrichstraße betreten durften, um auf die einfahrenden Züge zu warten. Die Züge waren total überfüllt, die Fahrt in nahegelegene Orte dauerte meist mehrere Stunden.

Am 19. November begann die sogenannte Schlacht um Berlin, die auch die Reichshauptstadt mit voller Wucht Bombardements aussetzte.[28] Bis zum Jahresende 1943 flog das Bomber Command acht Großangriffe mit 4081 Flugzeugen. Es starteten jeweils 400 bis

500 Flugzeuge; am 23. November und am 30. Dezember 1943 kamen mehr als 700 Flugzeuge zum Einsatz. Vergleicht man die Personen- und Sachschäden der einzelnen Kriegsjahre, so werden die Unterschiede deutlich. Die Zahl der Luftkriegstoten in Berlin betrug 1940 mehr als 222, 1941 mehr als 226, aber 1943 mehr als 7843! Die Zahl der Obdachlosen stieg von je ca. 10 000 1940 und 1941 auf 648 000 im Jahr 1943. Allein bei den Angriffen zwischen dem 22. und 26. November 1943 kamen mehr als 3700 Einwohner ums Leben, und 450 000 wurden obdachlos.

Besonders betroffen waren die Umgebung des Alexanderplatzes, des Hausvogteiplatzes, des Spittelmarktes und der Friedrichstraße. Im Januar 1944 folgten weitere sechs Angriffe, bei denen ebenfalls jeweils zwischen 400 und 700 Flugzeugen eingesetzt wurden. Mit zwei schweren Angriffen im Februar und März 1944 klang die britische Offensive erst einmal aus.

Die Briten mußten fast 600 abgeschossene und 500 beschädigte Flugzeuge abschreiben. Harris hatte die Verluste mit ca. 500 Bombern beinahe zutreffend eingeschätzt. Das von ihm propagierte Ziel aber, mit diesem konzentrierten Einsatz den Zusammenbruch Deutschlands herbeiführen zu können, wurde verfehlt. Die Strategen überschätzten die Auswirkung der Bombenangriffe auf die Moral der Bevölkerung und die materiellen Schäden für die Wirtschaft bei weitem. Die weitläufige Bebauung und die mangelnde Motivation der Besatzungen schränkten die Effizienz ein. Die Piloten und Bombenschützen sahen ihre Überlebenschance vielfach darin, die Aufträge nur formal auszuführen, Schäden an den Flugzeugen zu simulieren und Fehlabwürfe zu tätigen. In einem Bericht an die Leitung des Bomber Command wird erwähnt, den Besatzungen sei der Enthusiasmus abhanden gekommen, viele der für Berlin bestimmten Bomben seien bereits vor der dänischen Küste der Nordsee übergeben worden.

Die Besatzungen, die nach Berlin flogen, sangen:

> *Don't take my boy to Berlin,*
> *the dying mother said;*
> *Don't take my boy to Berlin,*
> *I'd rather see him dead.*

(Nehmt meinen Jungen nicht mit nach Berlin, sagte die sterbende Mutter, nehmt ihn nicht nach Berlin, ich würde ihn lieber tot sehen.)

Nach Abschluß der britischen Offensive im Frühjahr 1944 begannen die Amerikaner mit der 8. USAAF eine Serie schwerer Tagcsangriffe und bombardierten vor allem industrielle Schlüsselbetriebe im Berliner Raum, u. a. die Kugellagerwerke in Erkner und die Motorenfabriken in Marienfelde und Spandau. Sie richteten größere Schäden an, mußten allerdings erhebliche Verluste in Kauf nehmen.[29] Bei 13 Tagesangriffen, jeweils mit 400 bis 650 Flugzeugen, verloren sie 382 Flugzeuge.

Die Strategien der Amerikaner und Briten unterschieden sich gravierend. Während das Bomber Command nur reine Flächenbombardements durchführte und Treffer in Industrieanlagen oder Anlagen der Infrastruktur als willkommene Zugabe betrachtete, sahen die Stäbe der 8. USAAF den Angriff und die Ausschaltung dieser Anlagen als wichtig und kriegsentscheidend an. Sie hatten keine Skrupel, ebenfalls Flächenangriffe durchzuführen, wenn sich durch

Brennende Häuser in der Berliner Innenstadt im Juli 1944

schlechte Sicht oder andere nicht vorhersehbare Umstände das vorgegebene Ziel nicht erreichen ließ; doch stand zu dieser Zeit die kriegswichtige Industrie des Deutschen Reiches im Mittelpunkt ihrer Angriffsplanung. Erst in den letzten Monaten des Krieges gingen

auch die amerikanischen Verbände ganz offen zu groß-
angelegten Flächenbombardements über.

Das von den Behörden so zügig umgesetzte Evaku-
ierungsprogramm hatte nicht den gewünschten Erfolg gebracht. Aus Berlin wurden zwar zwischen Anfang August und Ende September mehr Menschen
evakuiert als aus jeder anderen deutschen Stadt (rund
720 000 Menschen). Darunter befanden sich 260 000
Schulkinder und ca. 2000 Lehrer, die in weniger gefährdete Gebiete in Ostpreußen, Schlesien und Brandenburg gebracht wurden, da es den Reichsverteidigungs-
kommissaren freigestellt war, Schulen zu schließen
oder komplett zu evakuieren. Im Oktober jedoch
kehrten mehr Einwohner zurück als evakuiert wurden.[30] Nach Beginn der »Battle of Berlin« schien sich
die Seßhaftigkeit zu verstärken; einem SD-Bericht zufolge lehnten insbesondere Bewohner der östlichen
und nördlichen Bezirke sogar eine Umquartierung innerhalb von Berlin ab. Sicher spielten dabei auch Ge-
rüchte eine Rolle, wer sich evakuieren lasse, werde
seine Wohnung verlieren. Bis Ende November verließen lediglich knapp 30 000 Einwohner die Stadt.
Eine Frau berichtete in jenen Tagen: »*Zerstört man
uns den Wohnraum, so ziehen wir in die Küche. Schlägt
man uns die Küche entzwei, so siedeln wir auf den Korridor. Sinkt der Korridor in Trümmer, richten wir uns
im Keller ein. Wenn wir nur zu Hause bleiben dürfen!
Das dürftigste Eckchen Zuhause ist besser als jeder Pa-
last in der Fremde. Darum kehren sie alle, die von den
Bomben aus der Stadt vertrieben worden sind, eines
Tages zurück. Sie wühlen zwischen den Steinbrocken
ihrer zerstörten Häuser. Man kann nicht leben, wenn
man nirgendwo hingehört. Deswegen retten die mei-*

sten Menschen aus ihren brennenden Häusern als erstes ihr Kopfkissen [...] Im britischen Sender deuten sie die fieberhafte Geschäftstätigkeit nach jedem Bombenangriff als Ausdruck nationalsozialistischer Gesinnung. Weder Schuttkehren noch Kopfkissenretten haben mit Nazigesinnung und Willen zum Durchhalten etwas zu tun. Keiner denkt an Hitler, wenn er sein Küchenfenster vernagelt. Wohl aber denkt jeder daran, daß man nicht im Kalten leben kann. Daß man, noch ehe der Abend sinkt und die Fliegersirenen heulen, einen Schlupfwinkel haben muß, in dem man sein Haupt hinlegen und seine Glieder ausstrecken kann.«

Berlin war die wohl am besten gerüstete und verteidigte Stadt Deutschlands. Die Führung hatte vor den schweren Angriffen des Jahres 1943 eine Reihe von Baumaßnahmen eingeleitet, um Schäden und Verluste weitgehend zu beheben und der Bevölkerung den Anschein von Normalität und das Gefühl zu vermitteln, das städtische Leben könne aufrechterhalten werden. Diese Bemühungen mußten Ende 1943 eingeschränkt werden, aber das kulturelle Leben kam noch vor Weihnachten wieder in Gang. Opern und Operetten wurden aufgeführt, Konzerte fanden statt, die Kinos hatten schon am frühen Abend volle Häuser. Die Anfangszeiten der Veranstaltungen wurden vorverlegt. Auch in Berlin bestätigten sich die in den Großstädten an Rhein und Ruhr nach den Angriffen gewonnenen Erfahrungen: Die Einwohner hielten aus – trotz der Einschränkungen, Nervosität und Angst.

Die zuständigen Dienststellen bauten unter dem Druck der Angriffe und der ständig wachsenden Zahl Obdachloser in den Außenbezirken und in der Umgebung Baracken und Behelfsheimsiedlungen, aber natürlich bei weitem nicht im notwendigen Umfang.

Die Schäden an der Wasserversorgung konnten jeweils sehr schnell wieder behoben werden; bei der Gasversorgung mußte zwar die Speicherkapazität stark reduziert werden, Gas konnte aber, zu Lasten der Industrie, an die Bevölkerung immer recht bald wieder abgegeben werden. Erstaunlicherweise wurden Anlagen der Elektroenergieerzeugung, also Kraftwerke und Schaltanlagen, fast überhaupt nicht in Mitleidenschaft gezogen.

In Berlin befanden sich mehr Produktionsstätten in unmittelbarer Nähe der Wohngebiete als in vielen anderen deutschen Städten. Der Anteil der Rüstungsproduktion war in den von den Bombardements stark betroffenen Bezirken Steglitz, Mitte, Tiergarten, Tempelhof und Schöneberg besonders hoch, dementsprechend groß waren die Auswirkungen auf die Kriegswirtschaft. Da bei den Luftangriffen auch Zulieferbetriebe für militärische Ausrüstungen getroffen wurden, blieben große Mengen an unfertiger Produktion in den Rüstungsbetrieben. Durch Verlagerung der Betriebe nach Sachsen, Schlesien und Böhmen versuchte man einen schnellen Ausgleich zu schaffen. Die dafür herangezogenen und freigemachten Fabriken galten als »nicht kriegswichtig«.

Der Aufwand, die Lebensgrundlagen nach Angriffen zu sichern, war immens. Die Arbeiter und Angestellten, besonders die weiblichen, blieben nach den Bombardierungen teilweise der Arbeit wochenlang fern. Zur Disziplinierung wurden zahlreiche Gerichtsprozesse, begleitet von erheblicher Medienpropaganda, geführt, aber sie bewirkten wenig.

Im Sommer 1944 hatte sich die strategische Situation an den Fronten sehr stark verändert. An der französischen Küste hatte am 6. Juni die lange erwartete Invasion der alliierten Streitkräfte begonnen; sie war trotz der von Luftmarschall Harris und amerikanischen Bombergenerälen genährten Hoffnungen nicht überflüssig geworden. Nach harten und verlustreichen Kämpfen hatten die Landungstruppen ausreichend Brückenköpfe gebildet. In Weißrußland waren die Verbände der Roten Armee zu ihrer Sommeroffensive angetreten und konnten die Front an manchen Abschnitten weit zurückdrängen. Die Niederlage der deutschen Truppen war absehbar.

Am 12. Juni 1944 flog die erste **Tragflügelbombe,** die **Fi 103,** besser bekannt unter der Bezeichnung **V 1,** nach Großbritannien und ging über London nieder.[31] In einer Kabinettssitzung am nächsten Tage wurde die von ihr ausgehende Gefahr als nicht sehr bedeutend eingeschätzt. Am 16. Juni setzte der Dauerbeschuß mit der V 1 auf London und Südengland ein, und nach sechs Tagen waren schon mehr als 1000 V 1 in Großbritannien niedergegangen. Die britische Regierung mußte zur Kenntnis nehmen, daß die Bedrohung durch die neue Waffe, die eine Höchstgeschwindigkeit von 656 km/h erreichte, sehr viel größer war als zunächst angenommen.

Churchill zeigte sich sehr besorgt und verlangte von der RAF energische Gegenangriffe und Vorkehrungen, um die Wirksamkeit der neuen Waffe einzudämmen. Unter anderem wurde ein Angriff mit mehr als 2000 Bombern auf Berlin geplant, der im Gegensatz zur bisherigen Angriffsstrategie am Tage erfolgen sollte. Die USAAF sollte ca. 1300 Bomber einsetzen und das

Bomber Command 700. Der Tagesangriff war Harris aber am Ende zu riskant, er zog seine Bereitschaft nur wenige Stunden vor dem Einsatz zurück und ließ die Amerikaner allein fliegen. So kamen diese am 21. Juni 1944 zu ihrem ersten großen Angriff auf Berlin, der vorwiegend Wohnviertel traf. Außer der Innenstadt von Berlin wurden Orte in der Umgebung wie Potsdam, Rangsdorf, Basdorf bombardiert.

Die Deutschen schränkten den Abschuß von Tragflügelbomben des Typs V 1 nach dem Angriff nicht ein. Drei Wochen später schätzte die britische Regierung ein, diese Waffe habe in London größere Schäden verursacht als die deutschen Luftangriffe im Herbst 1940. Das Ziel, Panik und Entsetzen unter der britischen Bevölkerung zu verbreiten, wurde zumindest in den Monaten Juni und Juli 1944 erreicht. Der britische Innenminister Herbert Morrison stellte am 26. Juli fest: »*Durch deutsche Raketenwaffen sind schon 691 000 Häuser in Mitleidenschaft gezogen worden. Die Gefahr einer Massenpanik zeichnet sich ab[…] Ich befürchte, daß mit dem Anwachsen der zerstörten Flächen bei anhaltender Bombardierung auch der Zorn der Öffentlichkeit wächst. Ob sich dieser Zorn allein auf den Feind richtet, scheint fraglich, nachdem wir uns mit unserer Luftüberlegenheit und militärischen Stärke gebrüstet haben.*«

Dank der von Luftmarschall Roderic Hill schnell entwickelten Abwehrmaßnahmen, bestehend aus Kombinationen von Jagdflugzeugen, Ballonsystemen und Flaksperren, konnte die V 1 nach kurzer Zeit wirksam bekämpft werden: Von insgesamt 10 492 verschossenen Raketen dieses Typs wurden 3957 Stück vor dem Ziel zum Absturz gebracht. 3000 fielen bereits nach dem Start aus. Am 8. September 1944 wurde die erste **Rakete des Typs A 4,** die sogenannte **V 2,** auf Großbritannien abgeschossen. Sie war in der Peenemünder Versuchsanstalt unter Leitung des Generals Walter Dornberger und unter Mitwirkung von Wernher von Braun entwickelt worden. Gegen diese Waffe konnten weder Jagdflugzeuge noch die vorhandene Bodenabwehr etwas ausrichten, denn sie erreichte eine Geschwindigkeit von 1900 km/h. Die Raketen näherten sich fast lautlos und konnten erst kurz vor dem Absturz wahrgenommen werden.

Zwischen dem 8. September 1944 und dem 27. März 1945 schlugen 1054 Stück in London und im Süden Englands ein. Vom 13. Oktober 1944 bis 5. April 1945 gingen 1675 dieser Geschosse in Antwerpen, Brüssel und Lüttich nieder. Ab Dezember 1944 wurden Antwerpen und Lüttich mit insgesamt 11 800 V 1-Raketen beschossen.

In Großbritannien verzeichnete man durch die Raketenwaffen 8938 Tote und 24 234 Verwundete; an 28 000 Wohnungen entstand Totalschaden, und eine Million Wohnungen wurden in Mitleidenschaft gezogen. In Belgien starben 6448 Zivilisten, 22 524 wurden verletzt; 9230 Wohnungen wurden völlig zerstört und mehr als 200 000 beschädigt.

Churchill hatte am 6. Juli 1944 ohne Umschweife verlangt, die Militärs sollten sich nicht von moralischen Bedenken leiten lassen und **Gas** einsetzen: *»Ich muß Sie natürlich bitten, mich bei der Anwendung von Gas zu unterstützen. Wir können die Städte an der Ruhr und viele andere Städte Deutschlands derart überschütten, daß der größte Teil der Bevölkerung eine ständige medizinische Betreuung benötigt. Wir* *können sämtliche Aktivitäten der Abschussbasen der fliegenden Bomben zum Erliegen bringen. Ich sehe nicht ein, warum wir immer die ganzen Nachteile des Gentleman in Kauf nehmen sollen, während sie sich der ganzen Vorteile der Schurken erfreuen. Es gibt Zeiten, in denen es so sein darf, aber nicht jetzt.*

Ich bin völlig einverstanden, daß es einige Wochen oder sogar Monate dauern kann, bis ich Sie bitten werde, Deutschland mit Giftgas zu durchtränken; und wenn wir es tun sollten, dann sollte es hundertprozentig sein.

Ich wünsche, daß die Angelegenheit in der Zwischenzeit von vernünftigen Leuten kaltblütig durchdacht wird und nicht von diesen psalmensingenden uniformierten Miesmachern, die einem hin und wieder über den Weg laufen.«[32]

Die Mitglieder des britischen Generalstabes äußerten sich skeptisch über den damit erzielbaren militärischen Erfolg. Moralische Bedenken gegen die neue Stufe der Eskalation brachten sie nicht vor. Es wurden weitere Stellungnahmen von Experten angefordert. In einem am 26. Juli vorgelegten Memorandum hieß es, das giftige Stickgas **Phosgen** könne über 20 deutschen Städten abgeworfen werden, 5 bis 10 % der getroffenen Bevölkerung würden wahrscheinlich dadurch zu Tode kommen. Der chemische Kampfstoff »**Lhost**« sollte gegen 60 Städte eingesetzt werden. Diese Gasangriffe würden so starke Hautverletzungen hervorrufen, daß eine Massenevakuierung notwendig wäre. Zum Abschluß der Angriffe sollten jeweils Brandbomben abgeworfen werden. Dadurch werde in den unmittelbar betroffenen Gebieten eine Panik ausbrechen.

Von den 60 Städten, die namentlich aufgeführt wurden, lagen 21 im Ruhrgebiet, 10 in Norddeutschland, 13 in Mitteldeutschland, 9 in Süddeutschland und 7 in Ostdeutschland. Der Generalstab befürchtete aber zu diesem Zeitpunkt noch deutsche Gegenschläge gegen die britische Zivilbevölkerung, und so wurden diese Beschlüsse zunächst nicht ausgeführt.

Schon im März 1944 hatte die britische Regierung in den USA Bomben mit biologischen Kampfstoffen bestellt, die **Milzbrand** hervorrufen sollten. Sie trugen die Decknamen »N« oder »**Braddock**«. Die Auswirkungen dieser Waffe waren beängstigend. 500 000 dieser Bomben mit einem Gewicht von je 4 lb. waren angefordert und die ersten 5000 im Mai 1944 bereits geliefert worden. Bis Februar 1945 sollten weitere 250 000 eintreffen und ab Mitte 1945 eine Million pro Woche.

Die World Health Organization (WHO) hat später eingeschätzt, bei einem Abwurf von 50 Kilogramm Milzbrandbazillen über einer Stadt mit 500 000 Einwohnern müßten 24 000 davon sterben und 60 000 erkranken. Nach einem solchen Einsatz wäre die betroffene Stadt auf Jahre, möglicherweise sogar Jahrzehnte unbewohnbar gewesen. Glücklicherweise war die verfügbare Menge für derartige Angriffe zu gering und hätte erst Mitte 1945 eingesetzt werden können.

Auch bezweifelten die britischen Militärs, daß die eingeschüchterte deutsche Bevölkerung – die SS und der Geheimdienst funktionierten ja noch ausgezeichnet – durch chemische Kampfstoffe besser zum Widerstand gegen das Regime zu bewegen sei als durch die herkömmlichen Bombenangriffe. Churchill teilte diese Auffassung nicht, meinte aber, *»er könne ja*

*nicht gegen Pfarrer und Krieger gleichzeitig vorge-
hen«.*

Parallel zu diesen Überlegungen wurde unter der
Leitung des Direktors für Bomberoperationen, Sid-
ney Bufton, ein Plan mit dem Decknamen **Thunderclap** (Donnerschlag) ausgearbeitet.[33] Das am 17. Juli
1944 vorgestellte Konzept sah vor, unter Einsatz des
gesamten Arsenals der alliierten Luftstreitkräfte einen
bisher unvorstellbarer Schlag gegen Deutschland zu
führen, der dem Regime klarmache, daß der Krieg bereits verloren sei und es, um weitere sinnlose Opfer
zu vermeiden, sofort kapitulieren müsse.

In seiner Denkschrift führt Bufton aus: *»Notwendig ist ein Angriff von beispielloser Größe, der sich gegen das Nervenzentrum Deutschlands richtet, dessen
Zerstörung schnell im ganzen Land bekannt wird. Die
Verluste, die dieser Angriff verursacht, und die Erkenntnis, daß ähnliche Angriffe gegen jede deutsche
Stadt durchgeführt werden können, wird die Zivilisten erkennen lassen, daß wahrscheinlich nicht nur ihr
Eigentum zerstört werden wird, sondern auch ihr Leben unmittelbar bedroht ist.«*[34]

Thunderclap wurde in mehreren Varianten zur Dis-
kussion gestellt. Die ersten drei beinhalteten:

1. Pausenlose Angriffe aller verfügbaren Flugzeuge zur
   totalen Terrorisierung des öffentlichen Lebens und
   zur Lähmung des Verkehrs auf Straße und Schiene
2. Pausenlose Angriffe auf zivile Objekte einschließlich Krankenhäuser, Kindergärten usw.
3. Vernichtung vieler deutscher Kleinstädte (von Churchill bevorzugt)
4. Totale Zerstörung Berlins in mehrtägigen Tag –
   und Nachtangriffen und/oder

5. Einsatz der gesamten Bomberkraft gegen ein Ziel, das bisher kaum oder gar nicht von Luftangriffen betroffen war.

Für den Angriff auf Berlin war zunächst vorgesehen, daß von 2000 Flugzeugen 5000 Tonnen Bomben abgeworfen werden. Das Areal Pariser Platz-Karlplatz-Oranienburger Tor-Schönhauser Tor-Büschingplatz-Jannowitzbrücke-Moritzplatz-Friedrichstraße-Leipziger Platz sollte zu 90 % zerstört und damit in eine Todeszone verwandelt werden. Die Verluste an arbeitsfähigen Zivilisten schätzte man mit 220 000 ein, davon 110 000 Tote.

Auf der Basis von Buftons Vorschlag arbeitete der Stab der britischen Luftstreitkräfte eine weitere Denkschrift aus. Sie trug die Überschrift »Angriff auf die deutsche zivile Moral«. Die Strategen verglichen vier verschiedene Angriffsvarianten und entschieden sich am Ende für die intensive Bombardierung Berlins. Innerhalb von vier Tagen und drei Nächten sollten 20 000 Tonnen Bomben auf ein eng begrenztes Gebiet im Stadtinnern abgeworfen werden.

Die Verfasser stellten kritisch fest, zwar seien schon 48 000 Tonnen Bomben auf die Stadt gefallen, aber so weit verstreut, daß die Wirkung nicht im erwünschten Umfang eingetreten sei. Im Zentrum hätten die bedeutendsten Behörden des Regimes ihren Sitz, diese würden durch den neuen Angriff zweifellos beeinträchtigt oder zumindest in ihrer Wirkung behindert. Mit Aktionen der Bevölkerung gegen die deutsche Führung könne gerechnet werden, da die Nationalsozialisten in Berlin vor der Hitlerherrschaft keine starke Basis hatten.

Drei Tage nach Abschluß dieser Überlegungen führte

Stauffenberg den lange geplanten Anschlag auf Hitler aus. Einige Männer des 20. Juli hatten zuvor Denkschriften an die Alliierten gerichtet. Diese setzten jedoch auf den eigenen Sieg über Nazideutschland und standen den Umsturzabsichten skeptisch gegenüber. Nach dem Scheitern des Attentats forderten sie ihre Truppen und Bevölkerungen auf, in den Kriegsanstrengungen nicht nachzulassen.[35]

Im August 1944 wurde die Aktion Thunderclap intensiv von den beteiligten Stäben diskutiert und präzisiert. Speziell die deutsche Führung sollte in Mitleidenschaft gezogen werden, deshalb wurden Ministerien, Machtzentralen und Hauptquartiere der SS und der NSDAP als Ziele ausgewählt. Das nach den Bombenangriffen ausbrechende Chaos, so kalkulierte Buftons Stab, werde Verwirrung und Desorganisation hervorrufen und Auseinandersetzungen zwischen der Zivilbevölkerung und den Organen des deutschen Staates provozieren.

Am 19. August 1944 wurde die schnellstmögliche Realisierung von »Thunderclap« beschlossen. Am 27. August starteten mehr als 2000 Flugzeuge der 8. USAAF in Richtung Berlin. Der Angriff wurde abgebrochen, da das Wetter für die Aktion mit recht genauen Angriffszielen zu ungünstig war. In den folgenden Wochen stellte sich heraus, daß die Invasionsfront noch nicht ausreichend vorgerückt war. Damit fehlte die militärische und die moralische Basis für die Operation; sie wurde vorerst verschoben. Zweifellos spielten für diese Entscheidung auch Gedanken über das baldige Kriegsende und eine möglichst geordnete Überleitung der Regierungsgewalt in Deutschland eine Rolle.

Pläne mit den Codes »**Hurricane I**« und »**Hurricane II**« sahen maximale Demonstrationen der Luftmacht im Ruhrgebiet und gegen das Wirtschaftssystem der Treibstofferzeugung und -verteilung vor. Das Gesamtziel aller Operationen war, dem Gegner das Aussichtslose der Lage klarzumachen und ihn zu der Einsicht zu zwingen, daß weiterer Widerstand sinnlos sei.

Ralph Cochrane, Vizeluftmarschall der RAF, hatte eine neue Zielmarkierungstechnik entwickelt, mit der im Tiefflug Markierungszeichen besonders deutlich gesetzt werden konnten. Dadurch war es möglich, die Bombenteppiche gleichmäßig über die markierten Stadtviertel zu legen und die Effektivität der Einsätze zu erhöhen. Die neue Methode hatte sich bei den Angriffen auf Braunschweig und Darmstadt im Herbst 1944 bewährt.

Cochrane arbeitete die Detailpläne für die Operation Thunderclap auf Berlin aus und übergab diese am 5. Oktober 1944 seinen Vorgesetzten. Markierungspunkt sollte der Flughafen Tempelhof sein, der im Stadtzentrum lag und aufgrund seiner Größe für die Besatzungen sehr gut erkennbar war.[36] Es gab neben deutlicher Zustimmung auch Vorbehalte. Vor allem befürchteten die Strategen, bei schlechtem Wetter könne die Markierungsmethode nicht wirksam eingesetzt werden. Der Chef der Pfadfinderkräfte des Bomber Command, D. Bennett, schätzte in einem Schreiben vom 3. November 1944 die psychische Verfassung und die Moral der Besatzungen als mangelhaft ein. Ihr Enthusiasmus müsse sich deutlich steigern. Zudem sei es zweckmäßig, nur wenige, aber groß angelegte Angriffe zu fliegen.

Churchill hatte Stalin um die Jahreswende 1944/45 in einem Brief gebeten, wegen der ins Stocken geratenen alliierten Angriffe an der westlichen Invasionsfront die Offensive der sowjetischen Truppen an der Weichsel-Oder-Front früher als vorgesehen zu beginnen. Stalin kam diesem Wunsch nach und gab den Angriffsbefehl für den 12. Januar 1945. Die sowjetischen Truppen überraschten die erschöpften deutschen Soldaten und erzielten anfangs nahezu spektakuläre Erfolge. Für die Luftkriegsstrategen der RAF und der USAAF begannen sich die Ereignisse zu überschlagen, und die Operation »Thunderclap« wurde doch noch in Angriff genommen. Es wurde beschlossen, Berlin, Breslau und Dresden, aber auch Chemnitz und Leipzig nach diesem Szenarium zu zerstören. Die Bombardierung der Verkehrs- und Bahnanlagen sollte, so die offizielle Verlautbarung, die Verlagerung von Wehrmachttransporten erschweren oder gar unmöglich machen. Die nach Westen strömenden Flüchtlinge und die Bombardierung der Großstädte, in denen sich viele Flüchtlinge aufhielten, würden ein Chaos hervorrufen, das unweigerlich zum Kollaps führen müsse.

Am 3. Februar 1945 flogen die Bomber der USAAF einen Tagesangriff auf Berlin.[37] Es war der schwerste, den die Stadt während des Zweiten Weltkrieges erlebte und das erste massive Flächenbombardement der USAAF. 1944 hatten die amerikanischen Luftkriegsstrategen Flächenbombardements nur in Verbindung mit Zielbombardierungen angeordnet.

Cirka 2900 Menschen starben und 120 000 wurden obdachlos. Die Bomben der zweiten Welle verteilten sich wegen der zunehmenden Bewölkung und den durch die Flugzeuge der ersten Welle erzeugten Rauch auf das angrenzende Stadtgebiet. Der bei einer vollen Treffergenauigkeit zu erwartende Feuersturm hätte eine wesentlich höhere Zahl an Todesopfern gefordert.

Die USAAF führte von nun an ohne jede Rücksicht auf die Zivilbevölkerung nur noch Flächenbombardements durch. Am 25. Februar und am 18. März griffen 1100 bis 1200 Bomber, begleitet durch fast 700 Jagdflugzeuge, Berlin an. Cirka 1600 Tonnen Sprengbomben und 1300 Tonnen Brandbomben wurden jeweils abgeworfen und richteten schwerste Schäden in den Wohnvierteln des Zentrums an. Die Todesrate der Einwohner stieg steil an. Am 28. März flogen die Bomber der USAAF ihren letzten größeren Angriff auf die bereits in Trümmern liegende Reichshauptstadt. Er dauerte nur 14 Minuten.

Das Bomber Command schickte vom Januar bis zum 21. April 1945 fast allnächtlich Mosquito-Staffeln mit 50 bis 100 Flugzeugen nach Berlin. Sie konnten zwar nicht die Bombenlast der Großangriffe abwerfen, aber der Luftalarm und die Ungewißheit, um was für einen Angriff es sich handelte, lösten unter der Bevölkerung erhebliche Unruhe aus.[38]

Für die Einwohner machte es keinen Unterschied, ob ihre Stadt von der amerikanischen oder britischen Luftwaffe zerstört wurde. Das Bomber Command war bestrebt, das Ziel mit einem Schlag zu treffen und zu vernichten und setzte seine Verbände entsprechend konzentriert ein. Die Streitkräfte der USAAF hingegen griffen gewöhnlich mehrere Ziele an. Die britischen Bombardements übertrafen die der USAAF somit meist an Wucht und Auswirkungen.

Dem Kriegsende entgegen

Im Spätherbst des Jahres 1944 zerfiel das deutsche Wirtschaftssystem mehr und mehr. Hauptursache für die Regionalisierung waren die überaus schweren Bombardements auf die Verkehrsanlagen in Deutschland, besonders im Ruhrgebiet. Zur gleichen Zeit wurden schwerste Angriffe auf die Städte des Ruhrgebietes geflogen, die alles, was die Einwohner bis dahin erlebt hatten, weit übertrafen.[39] Das Bomber Command setzte jeweils eine große Anzahl von Flugzeugen ein, die vorwiegend großkalibrige Sprengbomben abwarfen. Essen, Köln, Düsseldorf, Duisburg und Bochum wurden bis zur Unkenntlichkeit zerstört. Duisburg wurde am 14. und 15. Oktober von 2000 Bombern der RAF in mehreren aufeinanderfolgenden Wellen angegriffen. Sie warfen 9000 Tonnen Bomben ab. Dadurch wurden 14 000 Wohnungen zerstört und 2315 Menschen getötet. Als eine Woche später fast 1700 Bomber Essen angriffen, waren 1667 Menschenleben zu beklagen. In Solingen und Bochum mußten nach schweren Angriffen am 4. und 5. November nahezu 5000 Tote begraben werden.

Doch nicht nur das Ruhrgebiet mußte durch diese Hölle, auch süddeutsche Städte traf es mit nie gekannter Wucht, z. B. Freiburg am 27. und 28. November (2035 Tote). Bereits im Juli 1944 hatten München und Stuttgart an jeweils fünf aufeinanderfolgenden Tagen Angriffe über sich ergehen lassen müssen, die beide Städte weitgehend zerstörten. In Darmstadt zählte man nach dem Bombardement am 12. September fast 9000 Tote, und bei einem ähnlich geführten Angriff auf die kleine Stadt Heilbronn am 4. Dezember mußten 5092 Menschen ihr Leben lassen.

Das massivste von der USAAF bis zu diesem Zeitpunkt durchgeführte Städtebombardement richtete sich am 6. Oktober gegen Stralsund. Der Angriff sollte eigentlich dem Hydrierwerk Pölitz gelten, das aber an diesem Tag nicht ausgemacht werden konnte. Ein Blick in die Ausweichliste und Stralsunds Schicksal war innerhalb von 30 Minuten besiegelt. Die zivilen Opfer waren nicht genau zu beziffern, amtlich registriert wurden 702 Tote und 428 Schwerverletzte sowie 65 getötete Zwangsarbeiter. Mehr als 5000 Familien konnten danach nicht mehr mit Wohnraum versorgt werden, da vor allem der historische Stadtkern stark zerstört war. Stralsund nahm danach in der Statistik der am stärksten getroffenen Städte Deutschlands den sechsten Platz ein.

Die Angriffe wurden zunehmend unkontrollierter geführt, Ausweichziele mehr und mehr akzeptiert und wahrscheinlich auch vorgegeben. Innerhalb von 120 Tagen fielen 360 000 Tonnen Bomben hernieder, im Durchschnitt also 3000 Tonnen täglich. Im Jahre 1942 war das die monatlich abgeworfene Bombenmenge. Die Hölle schien ihre teuflischen Heerscharen zu größter Leistung mobilisiert zu haben.

Und doch waren Ende des Jahres 1944 die von den alliierten Stäben erwarteten Erfolge nicht eingetreten. Die überraschende Ardennenoffensive der deutschen

Wehrmacht, die »Aktion Bodenplatte« von 1000 deutschen Jagdflugzeugen gegen amerikanische Flugplätze am 1. Januar 1945, der fortgesetzte Beschuß Englands mit V-Waffen, der häufigere Einsatz deutscher Strahljäger des Typs »Me 262« und die Informationen über neue Unterseeboote ließen viele der US-Generalstäbler über die Notwendigkeit neuer Wege zum Sieg über den deutschen Gegner nachdenken. Im Lager der Westalliierten breiteten sich Ratlosigkeit und Pessimismus aus. Der amerikanische Fliegergeneral Henry Arnold schrieb am 14. Januar 1945: »*Wir haben nunmehr eine Überlegenheit von fünf zu eins gegen Deutschland, und trotzdem, ungeachtet aller unserer Hoffnungen, Träume und Pläne, wir waren bisher nicht in der Lage, das Ausmaß zu berechnen, in dem wir unsere Überlegenheit hochtreiben sollten. Wir sind vielleicht nicht in der Lage, Deutschland durch Luftangriffe zur Kapitulation zu zwingen, aber auf der anderen Seite: Mit dieser ungeheuren Schlagkraft scheint es mir, daß wir weitaus bessere und weitaus entscheidendere Ergebnisse erzielen könnten, als das bisher der Fall war. Ich kritisiere nicht, denn offen gesagt, ich weiß auch keine Antwort, und was ich tue, ist, meinen Gedanken in der Hoffnung freien Lauf zu lassen, daß sich daraus ein Schimmer, ein Licht, ein neuer Gedanke ergeben könnte oder irgend etwas anderes, das uns helfen würde, diesen Krieg rascher zu beenden.*«[40]

Um die Jahreswende 1944/45 eskalierten die Meinungsverschiedenheiten zwischen dem Stabschef der britischen Luftwaffe Portal und Harris. Portal erwog, Harris als Chef des Bomber Command abzuberufen. Er war stark beeindruckt von den erfolgreichen Angriffen der USAAF auf die deutsche Treibstoffindustrie und fest entschlossen, mit der RAF auch Ziele zu bombardieren, die einen eindeutigen militärischen Nutzen versprachen: Neben Anlagen der deutschen Treibstoffindustrie sollten Verkehrssysteme im Rheinland und im Ruhrgebiet sowie Fabriken für den Bau von Panzern und Unterseebooten angegriffen werden. Er wollte wohl auch ein Äquivalent für die nicht eingehaltenen Zusagen bei der »Schlacht um Berlin« schaffen. Harris disqualifizierte Portals Einwände als Sabotage und ließ die Städtebombardements ausweiten. Die Lage an der Ostfront, wo sowjetische Truppen die deutschen Invasoren seit dem 12. Januar mit außerordentlichem Erfolg angriffen, setzte diesem Streit vorerst ein Ende und rückte andere Ziele in den Vordergrund.

In den ersten beiden Wochen des Jahres 1945 ordnete Harris eine Serie schwerster Angriffe an. Am 2. Januar fielen mehr als 2000 Tonnen Bomben auf die »Stadt der Reichsparteitage«, Nürnberg; am 8. Januar war München, die »Hauptstadt der Bewegung«, wiederum im Visier der RAF, und zwischendurch hatte auch Hannover noch 2300 Tonnen abbekommen.

Am 16. Januar 1945 mußte **Magdeburg** seinen bisher schwersten Angriff überstehen. Die Stadt hatte sich nach dem Machtantritt Hitlers zu einer bedeutenden Waffenschmiede entwickelt. Die dort angesiedelten Werke von Krupp-Gruson, Buckau R. Wolf, Schäffer und Budenberg und andere bedeutende Unternehmen arbeiteten ausschließlich für die Rüstung. In den Angriffsplänen des Bomber Command standen sie auf einem vorderen Platz. Bereits von August 1940 bis August 1941 war Magdeburg häufig das Ziel der

Brand der Katharinenkirche in Magdeburg am 28. September 1944

RAF gewesen. Warum die Stadt 1942 und 1943 überhaupt nicht und 1944 vorwiegend von der USAAF bombardiert wurde, verwundert noch heute. Nach den Angriffen auf Berlin ab 18. November 1943 und dem Angriff auf Leipzig im Dezember 1943 hatten aufmerksame Beobachter vermutet, die Alliierten würden Magdeburg wieder attackieren. 1944 richtete sich eine Serie von 10 Angriffen der USAAF gegen Industrieanlagen in der Stadt, der schwerste von ihnen galt Fabriken in den Stadtteilen Buckau und Neustadt.[41] Danach waren erstmals sehr viele Tote (683) zu beklagen, insgesamt kamen in jenem Jahr 1658 Menschen in Magdeburg durch Bombenabwürfe um. Die öffentlichen Trauerfeiern für die Toten wurden bald mit einer gewissen Routine durchgeführt, zuerst in der Stadthalle, dann im Freien und noch später in der Aula einer Schule.

119

Zwar hatten 1944 40 000 Einwohner ihre Wohnung eingebüßt, doch gemessen am Ausmaß der Zerstörung anderer deutscher Städte war Magdeburg bis zum Januar 1945 noch glimpflich davongekommen. Seit Mitte Oktober 1944 waren die Bomberpulks wohl stets über die Stadt hinweggeflogen, weil sich die Alliierten auf die Aktionen an der Westfront und die Abwehr der deutschen Ardennenoffensive konzentrierten.

Am 16. Januar 1945 wurde gegen 11.00 Uhr Luftalarm ausgelöst. Im Anflug waren 127 Bomber des Typs B 24 der USAAF, die das Krupp-Gruson-Werk, die Junkers-Werke, das Industriegelände und die umgebenden Wohngebiete mit 245 Tonnen Bomben belegten. Die Zerstörungen waren beträchtlich. Allerdings glaubte kein Einwohner, daß es an diesem Tag so weitergehen sollte. Sie konzentrierten sich auf die notwendigen Löscharbeiten. Doch zur gleichen Zeit erhielten 371 Bomber der RAF den Angriffsbefehl; und das Angriffsziel – »Grilse« (Junger Lachs) – war nach dem Städtecode des Bomber Command wieder Magdeburg. Die Bomberverbände kamen aus sechs verschiedenen Richtungen, und so begriff die ohnehin kaum noch abwehrfähige Luftverteidigung viel zu spät, wohin diesmal die Flugrichtung führte. Erst als die Verbände bei Fallersleben nach Süden abbogen, erkannte man auch in den Luftwarnzentralen das Angriffsziel. Drei Flugzeuge vom Typ Lancaster warfen Stanniolstreifen zur Irreführung der Radarabwehr ab, dann setzten drei weitere Flugzeuge die Markierungsbomben, sogenannte »Weihnachtsbäume«, und nur neun Minuten nach der ersten Aktion begann der Abwurf der Bomben und der Luftminen. Die Explosionen mischten sich mit dem Heulen der Sirenen. Der Angriff dauerte 36 Minuten, dann brannten vier Quadratkilometer Innenstadt und machten die Nacht so hell, daß ein Magdeburger die Kondensstreifen der in ca. 4000 Meter Höhe fliegenden Bomber fotografieren konnte. Die Brände konnten von den abfliegenden Besatzungen noch hinter dem Rhein, in einer Entfernung von ca. 350 Kilometer ausgemacht werden.

Die Magdeburger Einwohner waren völlig überrascht worden. Viele liefen in Nachtkleidung oder nur halb angezogen in die Luftschutzräume. Jenen, die während des Angriffs noch über die Straßen rannten, zerrissen die Luftminen die Lungen oder sie wurden von Bombensplittern getroffen. Da die Bunker schon verschlossen waren, starben viele vor deren Türen. Der Bunker an der Jacobikirche konnte erst geöffnet werden, als die davor liegenden Toten beiseite geschafft waren.

In den Luftschutzräumen kam es zu den gleichen Szenen wie zuvor in Hamburg, Kassel, Leipzig und vielen anderen Großstädten, die ebenfalls – zuerst durch Sprengbomben und dann durch Brandbomben – heimgesucht worden waren. Die Kellerinsassen hakten sich zum Teil unter, um von den Detonationen nicht umgerissen zu werden. Andere legten sich vor Angst mit einer Decke oder einem Laken über dem Kopf auf den Fußboden. Viele wollten den Keller nach dem Angriff nicht schnell verlassen und gerieten dann erst recht in Gefahr, im weichen Asphalt steckenzubleiben, durch die Feuerstürme, die eine Hitze von mehreren hundert Grad entwickelten, elend zu verbrennen, ohnmächtig zu werden oder von herabfallenden Gebäudeteilen erschlagen zu werden. Wer wieder in den Keller zurücklief, konnte leicht ersticken oder durch Kohlenmonoxid ums Leben kommen. Viele Einwohner gelangten durch die angelegten Mauerdurchbrüche weit entfernt von ihrem eigentlichen Wohnort ins Freie. Tief geschockt mußten die Menschen in der frostklaren Nacht den schaurigen Untergang ihrer Heimatstadt ansehen.

Nach diesem Angriff waren 70 % des gesamten Wohnraums nicht mehr nutzbar. Von ca. 107 000 Wohnungen waren 41 000 total beschädigt und 34 000 zum Teil. Magdeburg hatte vor dem Kriege 336 000 Einwohner, nach den Zerstörungen blieben nur noch 90 000 in der Stadt. Man schätzt insgesamt 6000 Tote, doch ist diese Zahl, wie auch in anderen Städten nach Angriffen, nicht exakt zu belegen. Der Schrecken und die Verluste waren sehr groß, und die Magdeburger, die den Angriff miterleben mußten, sprechen nur über diesen; die anderen 27 großen Angriffe scheinen in der Erinnerung, wenn nicht ausgelöscht, so doch sehr stark zurückgedrängt.

Wiedergegeben sei hier der Bericht eines damals zehnjährigen Jungen: »[…] wir rannten in den großen Luftschutzkeller des Nachbarhauses. Auf den Weg dorthin sahen wir am Himmel die Zielsetzungsbomben leuchten und hörten wieder die Bomben heulen und vernahmen stärkere Detonationen[…] Als es etwas ruhiger geworden war, versuchten wir den Keller zu verlassen. Es ging nicht, der Treppenaufgang war verschüttet. So sind wir durch die Mauerdurchbrüche von Haus zu Haus gekrochen und kamen in der Vogelgreifstraße nach oben. In der ganzen Straße nur brennende Häuser. In der Vom- Rath- Straße das gleiche Bild: die Häuser brannten vom Erdgeschoß bis zum

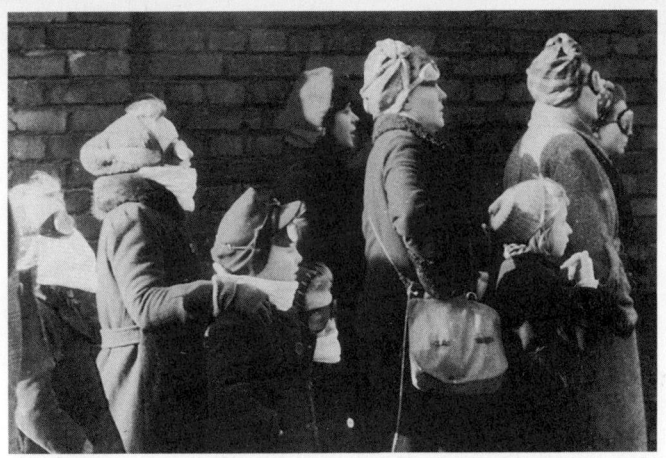

Fassungslos sehen Bewohner, wie ihr Haus abbrennt.

Dachboden, die Oberleitungen der Straßenbahn hingen herunter. Wo meine Mutter geblieben war, wußte ich nicht. Ich hielt mir die Hände vor das Gesicht und rannte in Richtung des Jacobi-Bunkers. Dort sah ich schon die ersten Toten vor der geschlossenen Bunkertür liegen. [...] Ich wollte weiter durch die Königstraße zum Kaiser-Wilhelm-Platz laufen, überall lagen Blindgänger auf der Straße. Das Haus Nr. 68 brach vor meinen Augen zusammen und begrub die in der Nähe befindlichen Menschen[...] Am Morgen des 17. Januar versuchte ich [...] in die Altstadt zu kommen. An der Ecke Johannisberg/Werftstraße habe ich die verkohlten Leichen gesehen. Sie waren durch Phosphor verbrannt und sahen aus wie kleine Kinder. Am 19. Januar fand ich meine Mutter wieder[...] Wir schlugen uns zu unserem Haus durch. Dort waren bereits [...] russische Kriegsgefangene dabei, die Keller zu räumen und die Toten zu bergen. In unserem Kel-

123

ler waren noch alle Menschen drin. Sie lagen auf dem
Boden und in den Luftschutzbetten; alle erstickt von
der Glut, die auf der Kellerdecke lag[...]«

Bis auf Leipzig waren sächsische Städte bisher von
schweren Angriffen verschont geblieben. Nachdem
der sowjetische Generalstab gebeten hatte, Verkehrsanlagen u. a. in Sachsen zu bombardieren, um Transporte deutscher Verbände an die Ostfront zu behindern, übergab die US-Militärmission in Moskau am
8. Februar eine Zielliste, in der neben 21 Objekten der
Mineralölwirtschaft vier Städte – Berlin, Leipzig, Dresden und Chemnitz –, 22 Bahnhofsanlagen sowie di-
verse Rüstungsbetriebe aufgeführt waren. **Dresden**
sollte eigentlich nur wegen der Zerstörung der Rangierbahnhöfe bombardiert werden. Den alliierten Luftstreitkräften ging es jetzt nicht mehr vorrangig darum,
den Thunderclap-Plan noch umzusetzen und Deutschland durch Bombenangriffe zur Kapitulation zu zwingen.[42] Für viele Militärs wie auch Winston Churchill
waren politisch-psychologische Gründe ausschlaggebend sowohl in Hinblick auf den Kriegsgegner als
auch gegenüber den Sowjets. Dem damaligen Verbündeten sollte offensichtlich die militärische Macht
ihrer Luftstreitkräfte demonstriert werden, erhielten
doch die Besatzungen des Bomber Command am
13. Februar folgende Instruktion:

»Dresden ist die siebtgrößte Stadt Deutschlands und
nicht viel kleiner als Manchester. Es ist außerdem die
größte, bislang unbombardierte, bebaute städtische
Fläche, die der Gegner noch innehat. In der Mitte des
Winters mit westwärts strömenden Flüchtlingen und
Reservetruppen überfüllt, sind Unterkünfte sehr be-

gehrt. Nicht nur, um Arbeiter, Flüchtlinge und Trup-
pen unterzubringen, sondern auch verlagerten Mini-
sterien Quartier zu verschaffen[...] Dresden besitzt
wie andere Großstädte ein umfangreiches Netz von
Telefon- und Eisenbahnverbindungen und ist von
großer Bedeutung für die Kontrolle der Verteidigung
jenes Abschnittes der Front, der vom Durchbruch durch
Marschall Konew bedroht ist.

Die Ziele des Angriffs bestehen darin, den Gegner an
einer Stelle zu treffen, wo er es am meisten spürt, hin-
ter einer sich bereits in Auflösung befindlichen Front.

Und auf diese Weise gleichzeitig auch den Russen zu
zeigen, wenn sie die Stadt erreichen, was das Bomber
Command anrichten kann.«[43]

Diese Vorgabe stammte wahrscheinlich von Churchill persönlich, denn, so der britische Labourabgeordnete Richard Crossman, der Premier habe
verlangt, mit der Aktion »Donnerschlag« sollte eine
bisher unversehrte Großstadt durch einen angloame-
rikanischen Luftangriff so entsetzlich zerstört werden, daß sogar Stalin davon beeindruckt sein würde.
Da die Sowjets einerseits mit der Bodenoffensive gut
vorankamen, andererseits bereits als Gegner der
Nachkriegszeit galten, wollten ihnen die Westalliierten ihre Überlegenheit in der Luft demonstrieren und
eine Warnung zukommen lassen. Der von Winston
Churchill für den Zeitraum der Konferenz von Jalta
angeordnete Angriff auf Dresden wurde wegen un-
günstiger metereologischer Bedingungen verschoben.
Am Morgen des 13. Februar 1945 befahlen die amerikanischen und britischen Stabschefs die Startvorbe-
reitungen für die folgende Nacht – die Nacht zwischen Faschingsdienstag und Aschermittwoch.

Stalin hingegen imponierten die Angriffe auf deutsche Städte wenig. Er hatte stets die Errichtung einer zweiten Front gefordert, und als es im Juni 1944 dazu kam, hatte die sowjetische Armee im Osten schon längst das Blatt gewendet. Damals maß Stalin Luftangriffen auf deutsche Städte wohl nur noch dann Bedeutung bei, wenn sie die Operationen der Roten Armee direkt unterstützten.

Bei Angriffen auf Standorte der deutschen Treibstoffindustrie in Mitteldeutschland, Brüx (heute Most, Tschechien) und in Schlesien war in Dresden häufig Alarm ausgelöst worden, doch es passierte so gut wie nichts. Als am 24. August 1944 Brüx durch die USAAF angegriffen wurde, warfen 62 Bomber innerhalb von sechs Minuten ihre Bombenlast auf Birkigt, einen Ortsteil von Freital. Der Hauptteil der Bomben ging allerdings in der ländlichen Umgebung nieder und richtete wenig Schaden an. Ein Versehen, wie viele glauben mochten, war aber der Angriff nicht. Er galt einem kleinen Mineralölwerk, das ein wichtiges Öl für spezielle Zwecke produzierte. Viele Dresdener gaben sich weiter der Hoffnung hin, daß ihre Stadt unberührt bleiben würde, und wie immer, wenn Hoffende etwas an sich fast Unabwendbares abweisen wollen, wurden die fabulösesten Gründe dafür herangezogen und zurechtgebogen.

Der Angriff am 13. Februar 1945 auf Dresden wurde mit großer Sorgfalt vorbereitet. Die Flugzeuge wurden mit all dem Gerät ausgestattet, das im Laufe des Bombenkrieges zur Zielfindung und -markierung entwickelt worden war. Der Eröffnungsangriff wurde dem Kommando von Vizeluftmarschall Cochrane anvertraut. Cochrane hatte die hochpräzise neue Markierungstechnik entwickelt, die bei dem Angriff auf Darmstadt im September 1944 bereits so furchtbare Auswirkungen für die Stadt und ihre Bevölkerung gehabt hatte. Cochrane legte in Dresden als Zielpunkt das Sportstadion des Dresdner Sportclubs im Ostragehege – das auf Grund seiner Größe eindeutig zu erkennen war – fest und errechnete von dort ausgehend alle erforderlichen Koordinaten.

Am Abend des 13. Februar mußte in Dresden um 21.39 Uhr Fliegeralarm ausgelöst werden. Die Sichtmarkierer, Flugzeuge des Typs Mosquito, setzten in einer Höhe von nur 270 Metern über dem Sportfeld rote Markierungsbomben ab, und um 22.13 Uhr begannen 235 britische Bomber mit dem Abwurf von 507 Tonnen Spreng- und 370 Tonnen Brandbomben. Das Ergebnis war furchtbar, aber noch auf den unmittelbar betroffenen Stadtkern begrenzt.

Doch zu diesem Zeitpunkt rollte schon die zweite Welle an: 90 Minuten nach Mitternacht waren weitere 551 Bomber über Dresden. Die Abwurfgebiete wurden nun stark erweitert, und ein erheblicher Teil der Bomben fiel in das Gebiet des Großen Gartens, in dem inzwischen mehrere Tausend Dresdner Einwohner Zuflucht vor dem Feuersturm des ersten Angriffs gesucht hatten. Es fielen in einer knappen halben Stunde 965 Tonnen Spreng- und 890 Tonnen Brandbomben.

Die Folgen sind wohl in Worten nicht auszudrücken. Der Feuersturm breitete sich mit rasender Schnelligkeit aus und traf eine völlig unvorbereitete Bevölkerung. Zu den Einwohnern, die Luftangriffe nur aus den Berichten Evakuierter kannten, kamen Flüchtlinge und Soldaten. Für sie alle hatten die zuständigen Dienststellen keinerlei Vorsorge getroffen. Viele erstickten in den Straßen, durch die der Feuersturm fegte, aber noch viel mehr kamen in den Kellern jämmerlich um. Da Sirenen und Warnanlagen nach dem ersten Angriff ausgefallen waren, wurde der zweite erst wirklich wahrgenommen, als die Bomben fielen. Welche Panik und Todesangst die Bevölkerung erfaßte, kann man nicht ermessen oder beschreiben.

Aber das Grauen setzte sich fort. Am Vormittag des 14. Februar griffen 317 Bomber der 8. USAAF Dresden an. Sie trafen nicht – wie beabsichtigt – die Bahnanlagen, sondern warfen 750 Tonnen Spreng- und Brandbomben direkt über der Stadt ab. Und als ob das Maß noch nicht voll sei, warfen am 15. Februar wiederum 210 Bomber der USAAF noch einmal 462 Tonnen Sprengbomben ab. Ob Jagdflieger des Geleitschutzes, die wegen der kaum noch einsatzfähigen deutschen Luftabwehr nicht viel zu tun hatten, Flüchtlingskolonnen beschossen, ist umstritten. Die Berichte widersprechen sich, und manche Historiker halten das nicht für möglich. Da aber der Autor in einer radfahrenden Schülergruppe im April 1945 selbst einen solchen, fast spielerisch wirkenden Angriff einer Mustang P 51 miterlebte, schließt er dies in und um Dresden nicht aus. In Nordhausen/Thüringen wurde z. B. am 14. Februar 1945 ein Angestellter der Reichsbahn durch Tiefflieger erschossen. Am 21. Februar kamen durch Beschuß eines Personenzugs zwischen Berg-Kelbra und Aumühle 40 Menschen um. Ein Ehepaar mit zwei Kindern wurde am 23. Februar Opfer eines Tieffliegerangriffs. In den Einsatzberichten der Piloten sind solche Taten sicher nicht vermerkt worden!

Die Toten wurden in Dresden zunächst in den Straßen gestapelt werden. Götz Bergander, damals ein

17jähriger Schüler, hat das mit erschütternder Ein-
dringlichkeit beschrieben:

*»In der Bismarckstraße aber, unter der Gütergleis-
rampe des Hauptbahnhofes, waren die Leichen auf-
geschichtet. Ordentlich, Leib für Leib, lagen sie da,
fertig zum Abtransport. Leichen jeden Alters und in
jedem nur denkbaren Zustand. Nackt und bekleidet,
verkrampft und gestreckt, blutverkrustet und flecken-
los, verstümmelt und äußerlich unverletzt. Kinder,
die weniger Platz brauchten, zwischen die Erwachse-
nen gezwängt.*

*Dicke Flüchtlingsfrauen in ihren schwarzen Woll-
tüchern und Wollstrümpfen. Frauen, ungeschickt hin-
gepackt, bis zur Hälfte entblößt. Männer wie schlaffe
graue Säcke. Männer in langen weißen Unterhosen,
verdreht, verschränkt, mit und ohne Schuhe. Gesichter mit offenen und geschlossenen Augen. Gelegentlich
spießte ein Arm in die Luft oder ein Körper konnte,
wegen angezogener Beine, nicht holzscheitartig ein-
gepasst werden. Ein wahnwitziges Monument, eine
lange Barrikade.*

Diese Toten waren noch kenntlich.

*Später, auf den Pferdefuhrwerken, waren sie es nicht
mehr.«*

Nach zehn Tagen waren erst ca. 10 000 Tote beigesetzt. Das milde Wetter führte zu schneller Verwesung, und in der Innenstadt herrschte ein entsetzlicher
Gestank. Die Leichen konnten nicht, wie zunächst
beabsichtigt, an Ort und Stelle bestattet werden – man
fürchtete um die Trinkwasserversorgung. Die Behörden mußten sich dazu entschließen, einen Teil der
Opfer auf dem Altmarkt zu verbrennen. Scheiterhau-

fen mit jeweils etwa 500 Toten wurden auf eisernen Rosten aufgebahrt, mit Benzin übergossen und verbrannt. Fast 7000 Tote wurden auf diese Weise eingeäschert. Man hatte im Konzentrationslager Treblinka zur Unterstützung ein SS-Kommando mit einschlägiger Erfahrung bei der Verbrennung von Leichen angefordert.

Dresden hatte 1939 ca. 650 000 Einwohner. Da die Stadt nicht evakuiert worden war, im Gegenteil viele Evakuierte und schlesische Flüchtlinge aufnehmen mußte, hielten sich dort zum Zeitpunkt des Angriffs wahrscheinlich fast eine Million Menschen auf. Die Zahl der Opfer konnte nicht genau ermittelt werden, die meisten Studien gehen von 35 000 bis 40 000 Toten aus, darunter nur ca. 100 Soldaten. Bei der »Operation Gomorrha« in Hamburg kamen innerhalb von vier Nächten ebenso viele Menschen um.

Der Feuersturm zerstörte Tausende Gebäude und Wohnungen; nur bei den Angriffen auf Hamburg waren es mehr als in Dresden. Die Auswirkungen auf die Industrie blieben dagegen recht gering, keine Fabrik wurde völlig in Schutt und Asche gelegt. Die eigentlich als Hauptziel anvisierten Verkehrs- und Bahnanlagen konnten nach zwei Tagen ihren Betrieb wieder aufnehmen.

Dresden war zwar bis zum 13. Februar 1945 vom wirklichen Luftkrieg verschont geblieben, aber die Nachlässigkeit und Gleichgültigkeit, die territoriale Organe der Stadt und des Umlandes an den Tag gelegt hatten, waren wohl einmalig für eine deutsche Großstadt im sechsten Kriegsjahr.

Goebbels hielt sich mit einer Kommentierung der Tragödie von Dresden einige Wochen zurück. Ein

Grund dafür mag gewesen sein, daß ihm die entstehende Flüsterpropaganda für propagandistische Zwecke nützlich schien. Am 4. März veröffentlichte sein Sprachrohr, die Wochenzeitung »Das Reich«, einen längeren Artikel von Rudolf Sparing: »Der Tod von Dresden. Ein Leuchtzeichen des Widerstandes«. Darin heißt es:

»Eine Stadtsilhouette von vollendeter Harmonie ist vom europäischen Himmel gelöscht. Zehntausende, die unter ihren Türmen wohnten und werkten, sind in Massengräbern beigesetzt, ohne daß der Versuch einer Identifizierung möglich gewesen wäre[...] In den inneren Stadtbezirken gibt es nur die vollkommene Zerstörung[...] Daher ist dieses weite Gebiet menschenleer, hier gibt es nur Tote – und Lebende nur, um Tote zu bergen und Vermißte zu suchen. Es ist eine einfache Wahrscheinlichkeitsrechnung, wie sich bei dieser Sachlage Frauen, Kinder und Greise einerseits, Soldaten und Wehrpflichtige andererseits auf die Gesamtzahl der Toten verteilen. [...]
Wir machen keine Mitleidskampagne, wir rücken die Kriegführung des Feindes nur in das Licht eines Feuers, das er selbst entzündet hat. Er will uns von der einen Seite her, durch Massenmord zur Kapitulation zwingen, damit dann am verbleibenden Rest, wie sich die andere Seite ausdrückt, das Todesurteil vollstreckt werden kann.
Gegen diese Drohung gibt es keinen anderen Ausweg als den des kämpfenden Widerstandes. Nur Blinde können ihn nicht sehen, nur Schwache, die sich bereits selbst aufgegeben haben, sich scheuen ihn bis zum Ende zu gehen[...]«
Was haben sich diese Leute nur gedacht; glaubten

sie wirklich noch an einen Sieg oder zumindest an eine für sie günstige Beendigung des Krieges?

Nun mußte noch die dritte sächsische Großstadt zerstört werden: **Chemnitz**.[44] Ab Mai 1944 war die bedeutende Industriestadt mit ca. 300 000 Einwohnern siebenmal das Ziel von Luftangriffen gewesen. Die ersten Bomben, die auf sie fielen, waren bei Angriffen auf die deutsche Treibstoffindustrie durch die US-Air Force »übriggeblieben«.

In den Chemnitzer Maschinenbaubetrieben wurden ähnlich wie in Magdeburg im wesentlichen Rüstungsgüter hergestellt. Man hätte also schon viel früher mit Angriffen auf die dortigen Fabriken rechnen können. Nach einem Tagesangriff am 11. September 1944 auf die Wanderer-Werke und einen Betrieb der Auto-Union im Stadtteil Siegmar-Schönau waren 110 Tote, die Hälfte davon Zwangsarbeiter und Kriegsgefangene, zu beklagen gewesen. Am 6. Februar 1945 warfen 474 Flugzeuge der 8. USAAF über Chemnitz 916 Tonnen Bomben ab, die erhebliche Zerstörungen in Fabriken und benachbarten Wohnvierteln anrichteten. 461 Tote mußten begraben werden.

Am 14. Februar, einen Tag nach dem Inferno in Dresden, begann eine Serie von Flächenbombardements gegen Chemnitz. Den Anfang machten 717 Flugzeuge des Bomber Command. Sie warfen 789 Tonnen Spreng- und 1320 Tonnen Brandbomben ab. Diese Angriffe richteten sich nur gegen die Zivilbevölkerung der Stadt. Es folgten 294 Bomber der 8. USAAF, die 718 Tonnen Bomben abwarfen. Die Schäden waren sehr groß, aber die schwersten Stunden standen Chemnitz noch bevor. Sie kamen am 5. März 1945, als 720 Flugzeuge des Bomber Command und 233 der 8. USAAF die Innenstadt mit fast 3000 Tonnen Bomben einäscherten. Es gab 3700 Tote. Von 110 000 Wohnungen blieben nur 38 000 unbeschädigt. Mehr als 100 000 Einwohner hatten als Obdachlose die Stadt verlassen müssen, und das nur wenige Wochen vor Kriegsende, als in ganz Deutschland Flüchtlingsströme unterwegs waren und nirgendwo mit einer offiziellen Hilfe gerechnet werden konnte.

Eine Frau aus Chemnitz notierte damals in ihrem Tagebuch:

»5./6. März: Die ganze Stollberger Straße, Parkstraße, Zwickauer Straße[...], alles ausgebrannt, vernichtet. Lodernde Flammen oder geschwärzte Ruinen[...] Unendlich viele Menschen erstickt und tot. Auf der Stollberger Straße wälzt sich ein Strom von Tausenden von Flüchtlingen heraus. Geschwärzte Gesichter, Brandwunden, erschöpft, apathisch, verzweifelt. Sie fahren Hand- und Kinderwagen mit geretteter Habe; kleine Kinder, alte Leute konnten nicht mehr weiter. Manche in bunten Bademänteln oder nur in Wolldecken, ein unbeschreiblicher Elendszug, den man nie vergessen wird. [...] Im Straßengraben eine tote alte Frau mit weit offenen Augen. Wohl vor Erschöpfung gestorben. Die Nacht in Chemnitz ist die Hölle gewesen[...]

6./7. März: Wir haben das Haus übervoll[...]; auf Divans, Liegestühlen und Clubsesseln machten wir Schlafgelegenheiten. Jedes Zimmer ist mit 2–5 Personen belegt[...] Die Stadt brennt noch. Das Elend ist unermeßlich. [...] 40 Personen sind wir jetzt und ich weiß nicht, wie das weitergehen soll. In der Küche ist es schlimm! Drüben im »Anker« sind Strohlager für

133

400 Personen. Das Essen wird in der Schule geholt und zu Hause gewärmt[...]«

Gewiß war auch die Industrie, die in großem Umfang direkt in der Stadt angesiedelt war und ihre Entwicklung seit der Jahrhundertwende geprägt hatte, betroffen, aber das Hauptziel war wieder die Zivilbevölkerung gewesen. Götz Bergander setzt sich in seinem Buch »Dresden im Luftkrieg« mit den Ursachen auseinander:

»Wer im Rückblick auf die Ereignisse verlangt, die Strategie hätte plötzlich einschneidend geändert werden müssen, der unterbewertet die Kompliziertheit der auf Hochtouren laufenden Kriegsmaschinerie, aber auch die Macht der Gewohnheit, der Schwerfälligkeit der zivilen und militärischen Bürokratie, die Routine in Ministerien, Hauptquartieren und Stäben. Und er unterschätzt die Phantasielosigkeit der Akteure auch hier[...]

Wer wußte schon genau, daß man in die letzte Kriegsphase eingetreten war? [...] Im Dezember 1944 rollte überraschend die deutsche Ardennen Offensive an. Als sie gestoppt war, lagen die Briten und Amerikaner fest. Die Folge war eine Überschätzung des deutschen Potentials und die Befürchtung, der Krieg werde länger dauern.«

In den alliierten Stäben wurde keine Alternative zur eindimensionalen Luftkriegsstrategie von Harris entwickelt. Der Chef des Bomber Command setzte sich mit der Fortführung der Flächenangriffe durch – fast bis zum letzten Kriegstag! Die Geschwader konnten dank präziser Methoden und Gerätschaften die Bomben viel exakter setzen und deren Zerstörungskraft entfalten lassen, als das noch in den Anfangsjahren möglich gewesen war.

Ein amerikanischer Korrespondent der Nachrichtenagentur Associated Press brachte die Intentionen der alliierten Luftchefs auf den Punkt: Sie »*haben die seit langem erwartete Entscheidung getroffen, bewußte Terrorangriffe auf deutsche Bevölkerungszentren durchzuführen, um mit diesem unbarmherzigen Vorgehen das Schicksal Hitlers zu beschleunigen. Luftangriffe, wie sie kürzlich von schweren Bombern der alliierten Luftstreitkräfte auf Berlin, Dresden, Chemnitz und Cottbus geflogen wurden, stehen den Deutschen auch in Zukunft bevor. Ausdrückliches Ziel ist es, weitere Verwirrung im Straßen- und Schienenverkehr der Nazis zu stiften und die deutsche Moral zu brechen.*«[45]

Solche Kommentare ließen in Großbritannien und in den USA Fragen nach dem Sinn und der militärischen Notwendigkeit dieser Massenvernichtungsangriffe laut werden. »*Die Zerstörung Deutschlands hatte zu diesem Zeitpunkt ein Ausmaß erreicht, das selbst einen Attila oder Dschingis Khan erschrecken mußte*«, so der britische Historiker George Saunders.

Die Militärs stoppten die Luftangriffe dennoch nicht.

Als nächstes wurde **Dessau** in den Abendstunden des 7. März in eine Trümmerwüste verwandelt.[46] 526 Flugzeuge des Bomber Command warfen 744 Tonnen Spreng- und 953 Tonnen Brandbomben auf die Innenstadt, die zu 84 % zerstört wurde. Obwohl der Katastrophenstab neben der städtischen Feuerwehr Loschzüge aus dem Harz, Halle, Merseburg und Leipzig einsetzte, die schon angelegte Panzersperren umfahren mußten, brannten ganze Straßenzüge nieder.

»*Wir versuchten in unser Vorderhaus zu gelangen, um noch ein paar Habseligkeiten zu retten. Mein Vater und ich bemühten uns, über die eingestürzte Treppe in das obere Stockwerk zu gelangen. Mutter saß auf einem Trümmerhaufen und weinte über ihr zerstörtes Elternhaus. Das Hinterhaus brannte. Die Flammen fraßen sich immer weiter. Es gab keine Zwischenwände mehr[…]Die Angst trieb uns wieder nach unten auf die Straße[…], und wir machten uns auf den Weg, die gequälte Stadt zu verlassen[…]*

Gegen Morgen gingen wir wieder in die noch brennende Stadt. Uns bot sich ein unvergessenes Bild des Grauens. Menschen hockten auf Trümmern oder suchten verzweifelt nach ihren Angehörigen. Tote lagen am Straßenrand. […]Von unserem Haus stand nur noch die Fassade, der Keller brannte noch. Jetzt erst sahen wir, daß in der Akazienstraße bis zur Zerbster Straße kein Haus mehr stand. Alle, die wir dort gekannt hatten, weilten nicht mehr unter uns. Wäre die Mine ein paar Meter weiter gefallen, hätten wir das gleiche Schicksal erlitten[…]«* Die Erlebnisse jener Tage wird dieser junge Dessauer wohl nie vergessen

Eine junge Mutter berichtete:

»*Am 6. März um 17 Uhr war unsere Tochter geboren worden. Ich war zur Entbindung im Diakonissenhaus. Zur Vorsorge waren wir im Keller untergebracht. Eine halbe Stunde vor dem Bombenangriff bekam ich mein Kind in zwei Kopfkissen eingepackt. Dann fielen pausenlos Bomben. Ich habe laut geschrieen und mein Kind mit nassen Tüchern bedeckt, weil im Keller alles durcheinander flog und große Staubwolken aufwirbelten. Dann mußten wir den Keller verlassen und ich lief mit meinem Kind hinter*

einer Schwester her, die auch drei Babies im Arm
hatte. Als ich den Bunker erreicht hatte, bin ich zusammengebrochen[...] Ich wurde dorthin getragen,
wo schon Verletzte lagen. Am anderen Morgen kam
meine Schwägerin und sagte mir, daß wir alles verloren haben. Das Haus ist total ausgebrannt. Wir standen da und hatten nur noch das, was wir am Leibe
hatten.«

Fast täglich mußten nun weitere Städte Angriffe über
sich ergehen lassen, sie wurden zum wiederholten
Male schwer getroffen wie Essen und Dortmund oder
mit einem einzigen schweren Angriff weitgehend zerstört wie Würzburg, Hildesheim, Swinemünde oder
Nordhausen.

Am 12. März 1945 flogen 671 Bombenflugzeuge
der 8. USAAF die kleine pommersche Hafenstadt
Swinemünde an.[47] Begleitet wurden sie von 412 Jagd-
maschinen zum Schutz vor der deutschen Luftabwehr. Pommern war bereits von der Roten Armee
abgeschnitten worden und für die Flucht nach Westen blieb nur noch der schmale Übergang bei Use-
dom und Wollin, der zwangsläufig über Swinemünde
führte.

In Swinemünde befanden sich am 12. März etwa
100 000 Menschen: Einwohner, Flüchtlinge aus Ostpreußen und dem östlichen Teil von Pommern sowie
viele Soldaten. Etwa 50 Schiffe mit Tausenden von
Flüchtlingen an Bord lagen auf Reede.

Um 12.05 Uhr begannen die Bomber mit dem Abwurf. Deutsche Jagdflugzeuge kamen nicht zum Einsatz, und die Flakabwehr schwieg nach einigen Bom-
bentreffern in die Geschützstellungen. Lediglich sechs

amerikanische Bomber wurden beschädigt, keiner stürzte ab. Innerhalb von vierzig Minuten fielen insgesamt 1609 Tonnen Bomben aus den 671 Bombern und entfachten ein Inferno am Boden. Während des Angriffes sanken 13 Schiffe. Jagdflieger mit Maschinen vom Typ P 51 »Mustang« griffen mit Bordwaffen Flüchtlingstrecks und bereitstehende Eisenbahnzüge an. Tausende liefen verzweifelt um ihr Leben, verbrannten, erstickten oder ertranken. Nach dem Angriff zeigte sich ein Bild grenzenlosen Elends. Noch Wochen später mußten aus Kellern Leichen geborgen werden, die wegen des milden Wetters bereits in Verwesung übergegangen waren.

Eine Überlebende aus Swinemünde beschreibt den Angriff:

»Wir waren so sicher geworden in dem Gedanken: Unsere kleine Stadt ist kein wichtiges Ziel. Als dann gegen 11.00 Uhr am 12. März die Sirenen aufheulten, da glaubten wir an einen kurzen Alarm. Die Frauen standen in Reihen vor den Geschäften, in allen Ämtern ging die Abfertigung weiter, nur einige wenige eilten zu den spärlich vorhandenen Bunkern. Aber dann erscholl der panische Ruf: ›Sie kommen, sie greifen an!‹ und jeder versuchte in den nächsten Keller zu kommen. Fast jede Wohnung in Swinemünde hatte Einquartierungen von Ostflüchtlingen, alle Säle und Schulräume waren überfüllt. An den Auffahrten zur Fähre und zur Pontonbrücke, die man zur schnelleren Überquerung der Swine extra für die vielen Flüchtlingstrecks gebaut hatte, standen endlose Reihen von Wagenkolonnen, die auf die Überfahrt warteten. Trecks zogen durch die Straßen der Stadt. Im Kurpark biwakierten mehrere tausend Soldaten, die auf ihren Wei-

tertransport zur Kurlandarmee warteten. Der Hafen lag voller Schiffe, vollgepfropft mit verängstigten Flüchtlingen[...]

Die schweren Bomben fielen in die Wohnviertel, in die mit Menschen vollgepferchten Unterkunftsräume, auf Schulen und Säle, in denen Flüchtlinge ein vorübergehendes Unterkommen gefunden hatten, in die vielen Reihen neben – und hintereinander aufgefahrener Trecks, unter deren Wagen die Menschen in irrer Angst und Entsetzen Schutz gesucht hatten. Als ich nach dem Angriff durch das Strandviertel und die Königsallee kam, packte mich das Grauen vor soviel zerrissenen Menschenleibern[...]«

Im »WAR DIARY«, dem Kriegstagebuch der 8. USAAF, wurde der Angriff als »Höhepunkt der strategischen Operation« dargestellt: »*Eine Aufforderung der Sowjetunion in letzter Stunde zu einem Angriff auf Swinemünde, einem Ostseehafen, der nun, da die Russen in Ostdeutschland eingedrungen waren, als Zentrum des deutschen Nachschubs zur See taktische Bedeutung hatte, führte zu einem starken Einsatz der 8. Luftflotte mit 671 Bombern. Obgleich die Stadt nur 15 bis 20 Meilen von den russischen Linien entfernt lag und damit normalerweise zu nahe, wurde nach Radar geflogen. 1609 Tonnen Bomben fielen auf die Schiffe, die Hafenanlagen, die Stapelplätze und auf eine große Anzahl von Gebäuden im Hafen und im Industrieviertel. Die Flakabwehr war schwach und ungenau, die einzige Maschine, die nicht zurückkehrte, erreichte Schweden.*«

Die Auswirkungen auf die Zivilbevölkerung und die vielen Flüchtlinge waren furchtbar, aber es darf nicht übersehen werden, daß der Luftangriff eine mi-

litärische Begründung hatte. Swinemünde sollte hartnäckig verteidigt werden, weil seine strategische Bedeutung als deutscher Stützpunkt im Ostseeraum erheblich war. In den Tagen vor dem Luftangriff hatte die
3. deutsche Panzerarmee östlich von Swinemünde
ihre Stellungen so verbissen verteidigt, daß die an-
greifenden sowjetischen Truppen, aber auch sie selbst
außerordentlich hohe Verluste erlitten.

Bei dem Angriff auf Swinemünde kamen ca. 5000
auf ihren Einsatz wartende Soldaten der deutschen
Wehrmacht ums Leben, sowie mehr als 20 000 Zivilisten, vor allem Frauen und Kinder. Die Toten – mehr
als 20 % der in Swinemünde anwesenden Menschen –
mußten zunächst in Massengräbern beigesetzt werden. Später fanden sie in einer Mahn- und Gedenk-
stätte zwischen Ahlbeck und Swinemünde, dem Golm,
ihre letzte Ruhestätte.

Nordhausen ist bekannt geworden durch die riesigen unterirdischen Stollenanlagen, die in unmittelbarer Nähe der Stadt für die Raketenwaffenproduktion
ab 1943 errichtet worden waren.[48] Zwangsarbeiter aus
vielen Ländern Europas, Kriegsgefangene und Häftlinge aus den Konzentrationslagern mußten dort unter unmenschlichen Bedingungen in unterirdischen
Anlagen arbeiten. Unzureichende Ernährung, nur fünf
bis sechs Stunden Schlaf täglich, Unterbringung in
Erdhöhlen und Zelten, kaum ärztliche Betreuung führten zu Typhus, Mangelerkrankungen aller Art, Erschöpfung und völliger Entkräftung. Etwa 35 % aller
zum Stollenbau eingesetzten Häftlinge starben aufgrund dieser Bedingungen.

Die Gegend um Nordhausen gehörte zu den vier
Schwerpunkten der unterirdischen Produktion von

Waffen und Rüstungsgütern. In Nordhausen selbst waren zum Zeitpunkt der Angriffe neben 42 000 ständigen Einwohnern mehr als 23 000 Ortsfremde untergebracht, davon 6082 ausländische Zwangsarbeiter und 659 Kriegsgefangene in Massenquartieren. Wegen der V-Waffenproduktion in den unterirdischen Stollen hätte man annehmen müssen, daß die Angriffe sich vor allem auf diese Ziele richten – aber weit gefehlt, sie galten der Zivilbevölkerung von Nordhausen.

Der offizielle Auftrag an die Besatzungen des Bomber Command lautete: »*das aus Berlin geflüchtete Nazi- und Militärpersonal zu töten*«, weil man annahm, daß die aus Berlin fliehenden Verantwortlichen des Regimes den Thüringer Raum als Zwischenaufenthalt nutzen würden. Massive Bombenangriffe sollten den Regierungsapparat, den man in Nordhausen wähnte, paralysieren und damit ein schnelleres Ende des Krieges erreichen. Aber in der Stadt waren weder Regierungsangehörige noch Militär; lediglich ein paar Volkssturmmänner erhielten am 10. April noch den Befehl, mit einigen Panzerfäusten und Gewehren die Soldaten der US-Army am Einmarsch zu hindern.

Am Nachmittag des 3. April griffen 250 Flugzeuge des Bomber Command die Stadt an, warfen 1200 Tonnen Spreng- und Brandbomben. Am Vormittag des nächsten Tages wiederholte annähernd die gleiche Anzahl Flugzeuge den Angriff, auch die Bombenmenge blieb unverändert. Danach war die Stadt ein einziges Flammenmeer und das Zentrum total zerstört. Von 14 300 Wohnungen waren 6200 unbewohnbar, 4600 schwer und 1200 leicht beschädigt, so daß nur 2300 Wohnungen, d. h. 16 %, nicht in Mitleidenschaft ge-

Das völlig zerstörte Stadtzentrum Nordhausens

zogen wurden. Es starben 8800 Menschen, darunter 1300 Zwangsarbeiter aus den unterirdischen Fabriken, die sich in einer Kaserne in Nordhausen wegen totaler Erschöpfung eine Zeitlang erholen sollten. Die Einwohner, und natürlich vor allem die 27 000 Häftlinge und Zwangsarbeiter, hatten sich bereits auf die nahende Besetzung durch die amerikanischen Truppen eingestellt, waren aber auf solche Luftangriffe nur mangelhaft vorbereitet.

Als die Amerikaner am 11. April, also genau eine Woche später, die Stadt besetzten, galten ihre ersten Fragen den Kasernen, weil sie dort am ehesten Widerstand vermuteten. Sie fanden nur die beim Angriff getöteten Häftlinge und viele, die ohne ausreichende ärztliche Versorgung im Sterben lagen. Die erbitterten Soldaten der US-Army nahmen zunächst an, die leitenden Beamten der Stadt seien dafür verantwortlich, und wollten sofort mit standrechtlichen Erschießungen beginnen. Ein polnischer überlebender Häftling schilderte ihnen aber den wahren Sachverhalt.

Eine junge Lehrerin aus Nordhausen hat einen Tief-fliegerangriff beschrieben: *»Da ich unbedingt nach Hause wollte, fuhr ich bis zur Heizungsanlage der Boelcke-Kaserne. Auf mich zu hasteten Menschen. Deutlich sehe ich zwei Mütter mit einem alten, hoch-beinigen Kinderwagen, in dem vier Kinder saßen. Da! Ein Dröhnen und Krachen über uns. Im Tiefflug saust eine Maschine über uns hinweg. Ich schaue nach oben. Für Sekunden sehe ich das Weiße im Auge des Bord-schützen. Er richtet seine Geschosse auf den Kinder-wagen, der fliegt hoch[...] Ich werfe mein Rad hin, springe auf und lege mich genau am Schornstein in den toten Winkel, das Gesicht in die Erde gedrückt. Leuchtspurmunition schlägt über mir ein[...] Da saust schon das nächste Flugzeug heran. Bomben fielen, eine Bombe direkt auf den Eingang der Halle [...] Die Halle war angereichert mit feinem Betonstaub. Die Zunge wurde dick. Zwei Männer standen plötzlich vor den Trümmern. Sie zogen uns mühsam heraus. Draußen sahen wir die vielen Toten. Im Hauptge-bäude waren seit Monaten schon Umsiedler unterge-bracht. Auf dieses Gebäude ging eine Luftmine und Phosphorbomben. Die nach draußen hastenden Men-schen, Frauen und Kinder wurden von den Flugzeu-gen aus beschossen. [...] Zehn Tage lang war es über Nordhausen vom Brand sehr hell. Schlimm waren auch die Detonationen von Spätzündern[...]«*

Halberstadt war 1944 mehrfach angegriffen wor-den, die Schäden waren jedoch gering geblieben. Die Stadt sollte nach Ansicht deutscher Militärs von deut-schen Truppen gehalten werden, obwohl dies keine militärischen Vorteile bringen konnte und dort An-fang April 4000 Verwundete und Kranke in 15 völlig überfüllten Lazaretten notdürftig untergebracht waren. Am 7. April 1945 wurde auf dem Hauptbahnhof ein Munitionszug beschossen und zur Explosion gebracht: Dies gab bei der USAAF vermutlich mit den Ausschlag für einen großen Angriff am darauffolgenden Tag, bei dem von 215 Bombern 500 Tonnen Spreng- sowie 50 Tonnen Brandbomben abgeworfen wurden.[49] Von 19000 Wohnungen wurden 8000 völlig zerstört und 1500 schwer beschädigt. Die Bomben fielen am hellen Mittag direkt ins Zentrum, Pfadfinder des Typs Mosquito hatten es hervorragend markiert. In den Feuerstürmen starben 3000 Menschen, darunter Flüchtlinge aus allen Frontgebieten, ausländische Arbeiter und Kriegsgefangene. Von den 65000 Einwohnern irrten nach dem Angriff 25000 obdachlos umher: »*Auf allen Landstraßen von Halberstadt wälzte es sich dahin wie große, langsam kriechende Schlangen. Menschen mit Handwagen, mit Kinderwagen, hochbepackt mit Betten und Hausrat, mühselig gerettet aus den brennenden Häusern. Menschen mit großen und kleinen Koffern in den Händen, Frauen mit Schürzen, in Hausschuhen und mit leeren Händen*«, schrieb eine Einwohnerin. »*Manche weinten, die meisten blickten stumpf und stumm vor sich hin. Man war müde, so müde, von diesem Tag des Schreckens. Viele kauerten im Chausseegraben, den Kopf auf die Knie gelegt. Man gelangte in irgendein Dorf und konnte einfach nicht weiter, die Kräfte versagten, bis man irgendwo ein Unterkommen fand.*«

Ein Mann erinnerte sich daran, wie ein altes Haus über den Insassen des Kellers zusammenbrach: »*Ich stand sofort durch herabfallenden Schutt bis zum Bauch in den Trümmern. Meine Frau, die einige Meter*

Halberstadt nach dem 8. April 1945

*von mir entfernt auf einem Luftschutzbett saß, wurde
so eingeklemmt, daß sie sich nicht selbst befreien konnte.
Zwei Frauen, die neben meiner Frau saßen, wurden
in Sekundenschnelle erschlagen. Meine Schwieger-
tochter, die nicht verletzt war, lief hinaus und holte
Hilfe. So konnten wir nach großen Anstrengungen
meine Frau aus ihrer schlimmen Lage befreien. Mit
Hilfe einiger kriegsgefangener Briten [...] brachten
wir meine Frau ins Krankenhaus. Im Operationssaal
sah es aus wie auf einem Hauptverbandsplatz an der
Front. Es floß überall Blut und die Hilfe- und Schmer-
zensschreie der Verletzten und Sterbenden waren er-
schütternd. Und immer mehr Verletzte wurden gebracht[...]«*

Viele Halberstädter Einwohner und mit ihnen die
Zwangsarbeiter und Kriegsgefangenen kämpften auf-
opfernd gegen die Brände. Besonders bewährten sich
dabei britische Kriegsgefangene. US-Truppen besetzten drei Tage später, am 11. April, die Stadt. Ameri-

kanische Soldaten machten ein Erinnerungsfoto nach dem anderen von den trostlosen, noch rauchenden Trümmern und den verzweifelten Einwohnern. Dem Augenzeugenbericht einer Einwohnerin zufolge sollen sie dabei recht vergnügt gewesen sein.

Am 10. April traf es **Plauen** im Vogtland.[50] Diesen Angriff hätte man eigentlich viel früher erwarten müssen, denn es war 1935 wieder Garnisonsstadt geworden und hatte sich auch dank der Nähe zu den 1938 und 1939 annektierten tschechischen Industriegebieten vor dem Zweiten Weltkrieg zu einem bedeutenden Rüstungszentrum entwickelt. In den Industrievereinigungen VOMAG und VOMETALL wurden Panzer und schwere Kettenfahrzeuge hergestellt, und ab 1944, nach Verlagerung von Produktionskapazitäten aus dem Leipziger Raum, war Plauen auch ein Zentrum der Flugzeugindustrie.

In der am 7. Februar 1945 verabschiedeten Zielliste nahm die Stadt einen vorderen Platz ein. Am 4. April 1945 setzte sich Charles Portal in einer offiziellen Antwort der Stabschefs an Churchill für die Beibehaltung der Flächenbombardements ein. Plauen wurde als wichtiger Verkehrsknoten zwischen Mitteldeutschland und dem süddeutschen Raum eingestuft, in der Nacht zum 10. April von 302 Bombern und sechs Mosquitos des Bomber Command angegriffen und mit 1140 Tonnen Bomben, darunter Luftminen schwerster Bauart, regelrecht zugeschüttet. Danach war Plauen zu 75 % zerstört. Truppen der US-Armee besetzten die Stadt vier Tage später.

In der Nacht zum 15. April 1945 ging über **Potsdam**[51] das letzte konzentrierte Flächenbombardement des Bomber Command in Deutschland, ja im gesamten europäischen Raum nieder. Die Stadt war in den Kriegsjahren kein direktes Angriffsziel gewesen, gehörte aber bei fast allen Einsätzen gegen Berlin zum Überflugsgebiet der alliierten Luftstreitkräfte, deshalb waren ständiger Alarm, Bombenfehlwürfe, abstürzende Maschinen und Angriffe auf die an die Hauptstadt grenzenden Randgebiete nicht ausgeblieben. Die Potsdamer hatten dies mit wachsendem Gleichmut hingenommen und wähnten sich selbst in Sicherheit. Es gab bei weitem nicht genügend Schutzbauten, wegen des hohen Grundwasserstandes waren nur wenige Keller ausgebaut worden. Was sollte man in Potsdam auch bombardieren?

Die Stadt stand auf der Liste der Ziele des Bomber Command, weil sie, so die Begründung, Bedeutung für mögliche Truppenbewegungen von West nach Ost und umgekehrt habe. Potsdam wurde von einer einzigen Eisenbahnlinie mit wenigen Gleisen durchquert. Die Transporte hätten nicht mehr ohne weiteres auf Strecken südlich von Berlin verlagert werden können, da diese bereits von sowjetischen Truppen bedroht wurden. Am 9. April hatte ein britisches Aufklärungsflugzeug die vorläufig letzten Luftaufnahmen von Potsdam gemacht. Am späten Abend des 14. April warfen 488 britische Bomber in zwei Wellen 1716 Tonnen Sprengbomben sowie wiederum schwerste Luftminen über der Stadt ab. Der Anteil an Brandbomben erreichte nicht die sonst übliche Größenordnung. Nach einer Stunde war alles vorbei.

Die Bomberbesatzungen vermerkten in ihren Berichten, daß sie die Potsdamer Verkehrsanlagen getroffen hatten. Einige Hallen auf dem Bahnhofsgelände, der Güterbahnhof und der Personenbahnhof waren erheblich zerstört, Rangiergleise und das Hauptgleis östlich des Bahnhofes beschädigt worden. Ein wohl nur zufällig im Güterbahnhof abgestellter Munitionszug wurde während des Angriffs getroffen und explodierte. War dazu der Einsatz von 488 Bombern notwendig? Den intensiven und umfangreichen Recherchen von Hans W. Mihan zufolge hatten die Masterbomber die Aktion gut geplant und angeleitet. Kaum anzunehmen, daß sie lediglich den Verkehrsanlagen und einigen militärischen Einrichtungen, die nur zum Teil in Mitleidenschaft gezogen wurden, gegolten hat. Es war vielmehr ein Flächenbombardement nach der von Harris vorgegebenen Devise, zuerst die zivilen Einrichtungen und Gebäude und erst danach militärische Einrichtungen und Rüstungsbetriebe ins Visier zu nehmen. Auch mit Operation »Clarion« vom Februar 1945 hat der Angriff auf Potsdam nur insofern eine Beziehung, als tatsächlich ein in der Stadt gelegener Bahnhof, mehrere dazugehörige Gebäude und einige Gleise getroffen wurden. Alle anderen Merkmale sind die eines üblichen Flächenangriffs. Potsdam hatte damals ca. 120 000 Bewohner, davon 37 000 Mütter und Kinder unter 14 Jahren. Hinzu kamen etwa 30 000 Flüchtlinge, meist aus Ostpreußen, die sich in den unterschiedlichsten gerade verfügbaren Unterkünften aufhalten mußten. Nach dem Angriff waren etwa 1800 Tote zu beerdigen. Zehn Tage später wurde die Stadt in die Bodenkämpfe der anrückenden sowjetischen Armee mit den restlichen Wehrmachtseinheiten verwickelt, die ungefähr eine Woche andauerten und in denen weitere 1200 Soldaten und Zivilisten den Tod fanden. Die Versuche verantwortungsbewußter Offiziere und Stadtväter, Potsdam als offen zu deklarieren und nicht zu verteidigen, wurden durch fanatische Funktionäre der NSDAP und anderer Organisationen hintertrieben.

Der letzte Bombenangriff der 8. USAAF in Europa galt am 25. April **Pilsen**. Die nordböhmische Stadt, wegen der Škoda-Werke ein bedeutendes Industrieziel, war seit 1942 mehrfach Ziel von Einsätzen des Bomber Command gewesen. Die Škoda-Werke wurden dabei fast nie getroffen, obwohl die RAF dank exakter Zuarbeiten tschechischer Widerstandskämpfer über ausgezeichnete Unterlagen verfügte. Elf Tage vor der Besetzung der Stadt durch die US-Army warfen 198 Flugzeuge auf die Fabrikanlagen und 78 auf den Flugplatz von Pilsen insgesamt 526 Tonnen Bomben ab.

Der Alltag mit Sirenen und Bomben

Die Luftangriffe waren ein einschneidendes Erlebnis, das die Bewohner der Städte tief erschütterte. Bereits vor dem Krieg waren die unterschiedlichen Arten des Alarms, die Verteilung der Sirenen, ihre Reichweite sowie die Zuständigkeit für die Bedienung festgelegt worden. Die Sirenen sollten ca. 500 Meter weit zu hören sein. Etwa 30 Minuten vor dem erwarteten Überflug der feindlichen Verbände ertönte ein Voralarm, der eigentliche Alarm wurde etwa 10 Minuten vor dem Angriff ausgelöst und währte bis zur Entwarnung, einem langgezogenen Dauerton. Während Alarm Angst und hektische Betriebsamkeit auslöste, hörten die meisten den Entwarnungston mit Erleichterung: noch mal davongekommen.

Für die Zivilbevölkerung war es schwierig, die jeweilige Situation einzuschätzen. Weil mitunter das Angriffsziel erst spät auszumachen war, wurden sehr große Territorien in Alarmzustand versetzt. Betriebe konnten davon ausgenommen werden, um größere Produktionsausfälle zu vermeiden. Im Verlauf des Krieges reduzierten die zuständigen Behörden die Alarmbedingungen stillschweigend, um Desorganisation, Demoralisierung und Zerrüttung einzudämmen.

Die Rundfunksender schalteten ab, um den einfliegenden Verbänden keine zusätzlichen Peilmöglichkeiten zu bieten. Aber nach einiger Zeit entdeckte man den Drahtfunk wieder. Über ihn wurden regelmäßig Luftlagemeldungen gesendet, die für die »Kellerinsassen« eine wichtige Informationsquelle darstellten.

Durch die häufigen und mitunter auch lange dauernden Alarme wurde das öffentliche Leben erheblich beeinträchtigt. In West- und Norddeutschland lösten die Sirenen bis 1943 durchschnittlich an jedem dritten Tag Luftalarm aus, ab 1944 täglich und 1945 mehrmals täglich. Arbeit, Schule, Verkehr mußten ständig umorganisiert und zeitlich neu geordnet werden. Nicht als kriegswichtig geltende Tätigkeiten wurden eingeschränkt, Schulunterricht allmählich auf die Elementarstunden reduziert. Alle entbehrlich erscheinenden Fächer entfielen oder blieben auf allgemeine Informationen beschränkt. Das Lehrpersonal bestand im wesentlichen aus Frauen und nicht mehr wehrdienstfähigen Männern.

Ältere Mitbürger leiden noch heute unter dem Sirenensyndrom und können nicht einmal in einem Fernsehspiel einen Sirenenton ertragen.

Bis in das Jahr 1942 hinein hatte der Luftkrieg im Bewußtsein des überwiegenden Teils der Deutschen noch keine große Rolle gespielt. Die Angriffe waren auf west- und norddeutsche Städte begrenzt, die Behebung der Schäden, die Unterstützung der Ausgebombten, ja überhaupt der Ausgleich materieller Verluste ließen sich umfassend, großzügig und sogar effektvoll organisieren, solange die Vorratslager mit Lebensmitteln und Textilien gefüllt waren. Für Evakuierungen und die Aufnahme von Schulklassen in weniger gefährdete Landesteile standen genügend

Die ersten Bombenangriffe auf Berlin im Jahr 1941 hatten Einwohner noch als »Sehenswürdigkeit« betrachtet und Splitter als Souvenier gesammelt.

Quartiere, Ferienwohnungen und Heime zur Verfügung.

Doch je öfter Flächenbombardements durchgeführt und Wohngebiete und Industrieobjekte am Tage angegriffen wurden, ohne daß die Luftverteidigung dies zu verhindern vermochte, um so verunsicherter waren die Menschen. Aus allen deutschen Großstädten, die wiederholt im Kriegsverlauf Angriffsziel waren, wurde gemeldet, die Menschen gewöhnten sich an die Gefahr, seien 1943/44 wesentlich robuster, aber auch abgestumpfter als 1941/42. Das Gefühl der Schutzlosigkeit, Angst vor einem neuen Angriff und die Ungewißheit, ob man wieder davonkommen würde, schlaflose Nächte bei Alarm, längere Arbeitszeiten,

Verlust von Wohnung und Besitz, Evakuierungen, Trennung von den engsten Familienangehörigen und die immer geringeren Lebensmittelrationen mußten an den Kräften zehren. Hinzu kam die Sorge um Angehörige an der Front.

Der Luftkrieg über Deutschland belastete die Soldaten natürlich auch. Nach Meldungen im Wehrmachtsbericht über Angriffe auf die Heimatstadt warteten sie ebenso voller Angst auf ein Lebenszeichen wie ihre Angehörigen in der Heimat auf den fälligen »Feldpostbrief«. Soldaten, die Nachrichten über Schäden an der eigenen Wohnung erhielten, hatten keinen Anspruch auf Fronturlaub. Sie wurden mit dem Hinweis vertröstet, daß genügend Stellen am Werke seien, die für die eigene Familie sorgten.

Für Millionen Deutsche war der Luftterror das eindrücklichste Zeichen für die Überlegenheit des Feindes. Meldungen über den unmittelbar bevorstehenden Einsatz von Vergeltungswaffen sollten neue Hoffnung auf ein siegreiches bzw. weniger katastrophales Ende des Krieges wecken. Die Propaganda-Kampagne trug Früchte. Viele Deutsche gingen tatsächlich von einem baldigen und erfolgreichen Einsatz dieser Waffen aus, obwohl deren Wirkung niemand kannte.

Das Regime und besonders Reichspropagandaminister Goebbels versuchten, Haß auf die Besatzungen der Bomber zu lenken und verhießen Straffreiheit bei Übergriffen auf abgesprungene Besatzungsmitglieder.[52] Dazu kam es vereinzelt, aber erstaunlicherweise in den am ärgsten betroffenen Städten am wenigsten. Sicher haben die Einwohner in den Kellern und auf den Straßen ihre Wut und ihre Angst in wilden Flüchen, Verwünschungen und Gebeten artikuliert, wenn sie das Brummen der Flugzeugmotoren, das Schießen der Fliegerabwehrkanonen und das Pfeifen der nahenden Bomben hörten. Als die Besatzung einer über Berlin abgeschossenen B 17 der USAAF in deutsche Gefangenschaft geriet, erregte die Aufschrift der Uniformen »Murder Incorporated« (Vereinigte Mörder) verständlicherweise Unmut.

Nach einem Angriff auf Rüsselsheim am 26. August 1944 wurden abgeschossene Mitglieder einer Besatzung der USAAF von älteren deutschen Soldaten abgeführt. Es rottete sich eine wütende Menge zusammen. Mit Knüppeln, Schaufeln und sogar mit großen Hämmern schlugen sie auf die Gefangenen ein und vertrieben die Wachsoldaten. Erst ein neuer Fliegeralarm setzte der Gewalt ein Ende, so daß sich zwei der Amerikaner retten konnten und von deutschen Luftwaffensoldaten in Gewahrsam genommen wurden. Für die anderen kam jede Hilfe zu spät. Die Beteiligten konnten nach dem Krieg von den amerikanischen Militärbehörden namhaft gemacht werden. Sieben von ihnen wurden im Juli 1945 von einem Militärgericht der amerikanischen Besatzungsbehörde zum Tode verurteilt. Die Strafe wurde durch Erhängen vollzogen. Derartige Vorkommnisse hat es auch andernorts gegeben. Sie blieben aber, gemessen an der großen Zahl gefangengenommener Flieger, Einzelfälle. Vermutet wird, daß etwa 300 Deutsche wegen Gefangenenmißhandlung oder Lynchmord nach 1945 zur Rechenschaft gezogen wurden.

Ein Aufstand bzw. organisierter Widerstand waren für viele Deutsche auch deshalb undenkbar, weil die Organe der deutschen Regierung, die Partei, die SS, der Sicherheitsdienst, ungezählte Spitzel, Haus- und Blockwarte, fanatisierte Angehörige der Hitlerjugend bis zum Kriegsende, fast bis zum letzten Kriegstag, willens und in der Lage waren, jede Aktion zu unterbinden.

Wer damals eine spöttische Zunge hatte oder seiner Verzweiflung Luft machte, mußte mit strengster Bestrafung rechnen. Kam ein Witz wie der folgende in die unrechten Ohren, so konnte das böse ausgehen: »*Ein Berliner und ein Essener unterhielten sich über das Maß ihrer Schäden. Der Berliner gab an, daß noch fünf Stunden nach dem Angriff die Scheiben aus den Fenstern gefallen seien. Der Essener antwortete, in Essen seien noch 14 Tage nach dem Angriff die Führerbilder aus den Fenstern geflogen.*«

Der SD versuchte durch Schriftvergleich den Verfasser des folgenden Schmähgedichts zu ermitteln. Der Staatsanwalt beantragte für ihn ein Jahr Gefängnis:

Unser Führer.
Der nach russischer Art regiert,
Sein Haar nach französischer Mode frisiert,
Seinen Schnurrbart nach britischer Art geschoren,
Und selbst nicht ist in Deutschland geboren,
Der uns den römischen Gruß gelehrt,
Von unseren Frauen viel Kinder begehrt,
Und selbst keine zeugen kann,
Das ist in Deutschland der führende Mann!

Neben der Angst vor der Polizei und Gestapo gab es genügend Disziplinierungsmaßnahmen, um Auflehnung schon im Keim zu ersticken: Geldstrafen, Entzug von Sonderrationen, Aufhebung von sogenannten »UK«-Stellungen (Unabkömmlichkeit) in der

Heimat, die den Einsatz als Soldat an der Front bedeutete. Die Einwohner der bombardierten Städte schlossen sich zu »Notgemeinschaften« zusammen. Verkäuferinnen, Angestellte, Lehrer, Fabrikarbeiter und Kellnerinnen – sie alle suchten gerade im normalen Tagesablauf, in der Kameradschaft im Kreis der Kollegen, in der vertrauten Umgebung ihrer Arbeitsstätte Halt und Zuspruch, um über schmerzliche Verluste zumindest vorerst hinwegzukommen.

Die Arbeit in den Betrieben erwies sich als erstrangiger Ordnungsfaktor. Größere Fabriken unterhielten Werkskantinen, die Beschäftigten erhielten hier eine warme Mahlzeit; auch wurden durch die Betriebe Zusatzversorgungen organisiert. Dort eingerichtete Betreuungsstellen regelten Probleme der Unterkunft, bearbeiteten Schadensanträge und vieles andere mehr. Das war auch notwendig, um die Arbeitsleistung auf Dauer zu erhalten. In den meisten Betrieben war die wöchentliche Arbeitszeit auf 60 Stunden heraufgesetzt worden. Eine weitere Steigerung war nicht möglich. In einigen Bereichen wurde versucht, die Arbeitszeiten bis auf 72 Stunden zu verlängern. Davon ließ aber das Rüstungsministerium bald ab, weil der Ausschußanteil sehr stark anstieg und es zu Fehlzeiten kam, da die erforderlichen Materiallieferungen nicht mehr gesichert werden konnten.

Der Aufwand für die Instandsetzung von Produktionsstätten, beschädigten Wohnhäusern, Straßenbahnlinien, Wasser- und Gasleitungen wurde immer größer. Im September 1944 waren nach Angaben von Rüstungsminister Speer ca. 1,5 Millionen Arbeiter nur mit dem Wiederaufbau beschäftigt. Die Leute benötigten Zeit für Reparaturen an ihren Wohnungen und zum Ausbau privater Schutzräume. In den Betrieben waren diese meist so unzulänglich, daß Arbeiter bei Luftangriffen ins Freie flüchteten. Oft untersagten das die Werksleitungen. In der Leipziger HASAG setzte die Werksfeuerwehr bei derartigen »Absetzbewegungen« Wasserstrahlen aus Feuerwehrschläuchen und gegen ausländische Arbeiter sogar Schußwaffen ein.

Am 3. September 1943 hatte Göring befohlen, 8000 britische und amerikanische Kriegsgefangene in unmittelbare Nähe luftkriegsgefährdeter Großstädte zu verlegen. Das war ohne Zweifel eine Verletzung der internationalen Abmachungen über die Behandlung von Kriegsgefangenen. Diese Maßnahme, das soll nicht verschwiegen werden, billigte die deutsche Zivilbevölkerung durchaus.

Insgesamt wurden während des Zweiten Weltkriegs ca. 10–12 Millionen Menschen aus den von Deutschland okkupierten Gebieten verschleppt und dort zur Arbeit gezwungen. Im Herbst 1944 arbeiteten 7,6 Millionen Ausländer aus fast 20 Ländern in Deutschland, darunter 5,7 Millionen Zivilarbeiter. Der Rest, 1,9 Millionen, waren reguläre Kriegsgefangene. 2,8 Millionen der zivilen Zwangsarbeiter waren aus der Sowjetunion nach Deutschland verschleppt worden, 1,7 Millionen aus Polen, 1,3 Millionen aus Frankreich; die übrigen kamen aus Italien, Jugoslawien, Griechenland und der Tschechoslowakei. Sie alle mußten von der einheimischen Bevölkerung getrennt leben. In Deutschland gab es damals etwa 30 000 Lager für sie. Bei Luftangriffen durften »Fremdarbeiter« und Kriegsgefangene keine Schutzräume betreten und sich lediglich in Splittergräben aufhalten. Etwa ein Drittel der ausländischen Arbeitskräfte waren Frauen, unter den aus Polen und der Sowjetunion stammenden betrug der Anteil der jüngeren Frauen fast 50 %. Die Hälfte aller Zwangsarbeiter war in der Landwirtschaft eingesetzt, in den Industriegebieten stellten sie bis zu 20 % der Arbeiter.[53]

Kriegsgefangene und Zivilarbeiter aus West- und Nordeuropa bekamen weit größere Lebensmittelrationen und mehr Lohn als »Ostarbeiter«, bessere Quartiere und oft weniger schwere Arbeit. Ungenügende Ernährung und Mißhandlung durch deutsche Vorarbeiter gehörten für die Mehrzahl der osteuropäischen Zwangsarbeiter vor allem in Städten zum Alltag, viele von ihnen gingen zugrunde. Die sowjetischen Kriegsgefangenen wurden häufig zu den gefahrvollsten Arbeiten nach Luftangriffen herangezogen, mußten z. B. Blindgänger und Sprengkörper mit Langzeitzündern bergen und unschädlich machen.

In den ländlichen Gebieten konnten die Zwangsarbeiter noch relativ gute Verhältnisse vorfinden, sich eher satt essen und am Tage fast gleichberechtigt mit den deutschen Landarbeitern zusammenleben.

Manche Kriegsgefangene und Zwangsarbeiter konnten vom Mitleid Deutscher profitieren, die ihnen etwas zu essen oder andere Kleinigkeiten zusteckten. Deutsche, die trotz Sprachbarrieren mit ihnen redeten, waren sich fast immer ihrer »Überlegenheit« und der eigenen Vorrechte bewußt.

Die Information über die Rettung des Kindes eines höheren Funktionärs der NSDAP durch einen inhaftierten Altkommunisten und den Dank des Vaters ließ die Berichterstatterin schlußfolgern, Katastro-

Trümmerbeseitigung durch Häftlinge 1945

phen, die Nazis wie Antinazis gleichermaßen treffen, würden das Volk zusammenschweißen. Das galt nur für den Augenblick der unmittelbaren Gefahr und bedeutete keinesfalls eine Solidarisierung mit dem System oder politische Gegner. In solchen Momenten lebten Schutzmechanismen auf, die Existenzgrundlagen sicherten – ohne Zusammenhalt, das wußte jeder, konnte man selbst nicht auf Überlebenshilfe hoffen. War die größte Not beseitigt, setzte die politische Feindschaft und soziale Hierarchie schnell wieder Grenzen. In den Arbeitervierteln hielt der Solidarisierungseffekt am längsten vor. Dort konzentrierten sich die Einwohner auf das Naheliegende, besaßen handwerkliche Fähigkeiten, halfen sich gegenseitig bei der Schadensbeseitigung und wurden mit den Folgen der Bombenangriffe besser fertig als Bewohner wohlhabenderer Viertel. Dem Regime kamen solche Haltungen sehr entgegen.

Man sollte auf keinen Fall vergessen, was Krieg und Luftkrieg den Frauen abverlangten. Sie hatten nicht nur die Verantwortung für die Versorgung der Familie und die Erziehung der Kinder zu tragen, da die Männer entweder an der Front oder im 60stündigen Arbeitseinsatz waren, sondern wurden auch in der Rüstungsindustrie oder zum Einsatz in Verkehrsbetrieben dienstverpflichtet. Angelernt als Metallarbeiterinnen mit den unterschiedlichsten Spezifikationen; in der Textilindustrie und Landwirtschaft, übernahmen sie körperlich schwere Arbeiten, die bisher Männern vorbehalten waren. Im Bergbau – sowohl über als auch unter Tage – arbeiteten sie als Kranführerinnen, als Schweißerinnen, Bandwärterinnen und in anderen Tätigkeiten. Das stärkte das Selbstbewußtsein der Frauen und ihre Stellung den Männern gegenüber. Es gab ihnen die Möglichkeit, besonders den jüngeren, sich weiterzubilden und so sogar einen »Kriegsgewinn« für sich zu verbuchen. Das Regime brauchte und förderte einerseits diese Entwicklung, war aber andererseits bedacht, daß die restriktive Frauenpolitik der Vorkriegsjahre nicht ganz aufgehoben wurde, deren erklärte Ziel es ja war, die Frauen an Herd und Kinder zu binden.

Junge, unverheiratete, ortsungebundene Mädchen wurden zum Arbeitsdienst eingezogen oder als Wehrmachtshelferinnen rekrutiert. Sie kamen in Lazaretten, in Schreibstuben, im Flugmelde- und Wetterdienst und im Luftschutzwarndienst zum Einsatz. Seit Sommer 1943 wurden Frauen als Flakhelferinnen an Geschütze zur Flugzeugabwehr gestellt. Die recht gemischten Besatzungen an den Flakgeschützen – es gehörten im Normalfall neben wenigen regulären

Flaksoldaten Schüler als Flakhelfer und sowjetische Kriegsgefangene für den Munitionstransport dazu – veranlaßten einen Offizier zu folgender Anrede: »*Meine Dame, Kameraden, Jungs, Towarischtschi*«.[54]

Anfang des Jahres 1945 waren 30 000 Frauen im Luftwaffeneinsatz mit direkten militärischen Aufgaben betraut, z. B. übernahmen sie den Einsatz von Scheinwerferbatterien.

Selbständigkeit und Selbstbehauptung der Frauen wurden täglich gefordert; daraus erwuchs auch ein stärkeres Selbstbewußtsein und Stolz auf ihre wieder- oder neugewonnene Akzeptanz in der Arbeitswelt. Unter anderen Bedingungen hätte sie dies besonders glücklich gemacht. Im Alltag in Zeiten des Heimatkrieges war eine ständige Überlastung unausbleiblich. Die Bombenangriffe brachten Angst und Schrecken, und das in einigen Gegenden Deutschlands fast jeden Tag, über Monate und Jahre hinweg. Die Kinder mußten geweckt und angekleidet werden, alle rannten mit Rücksäcken und schweren Koffern in den Keller. Am nächsten Tag ging es unausgeschlafen zur Arbeit; Nahrungsmittel, die ja nur auf Lebensmittelkarten ausgegeben wurden, mußten beschafft werden. Wenn die Kinder durch »Kinderlandverschickung« der Gefahr der Luftangriffe entronnen waren, sorgten sich die Mütter dennoch um sie. Noch mehr bangten sie um den Mann, den Bruder und andere Angehörige an der Front. Die Angst, wenn ein Feldpostbrief ausblieb, und die ständige Furcht vor einer Todesnachricht ließen sich nicht abschütteln. Kamen die Männer auf Urlaub, so waren sie meist nicht gewillt oder in der Lage, den Frauen mit Rat und Tat beizustehen. Durch Luftangriffe war die nervliche Anspannung oft so groß, daß die Partner unzufrieden voneinander schieden. Häufig war es ein Abschied für immer.

Waren die Familien evakuiert oder ausgebombt worden, hatten die Frauen besonders große Lasten zu schultern. Ihre Kraft wurde gebraucht, aber auch aufgebraucht. Sie leisteten auch nach dem Krieg Übermenschliches, mußten den Platz des Familienoberhauptes einnehmen und die Verantwortung für die Kinder und für die alten Eltern tragen, wenn der Mann an der Front gefallen war oder für einen nicht absehbaren Zeitraum in einem Gefangenenlager verschwand. Waren sie Witwe geworden, hieß das gewöhnlich, daß sie auch Witwe blieben. Bei dem durch den Krieg entstandenen Frauenüberschuß gab es wenig Chancen, einen neuen Partner zu finden.

»Beziehungen« zwischen »fremdvölkischen Untermenschen« und Deutschen waren untersagt. »Ostarbeiter« und Polen, aber auch Deutsche wurden in der Regel schon bei Verdacht auf Geschlechtsverkehr hart bestraft – bis hin zur Hinrichtung. Wurden intime Kontakte zwischen deutschen Frauen und Mädchen und Kriegsgefangenen aus westeuropäischen Ländern bekannt oder angezeigt, konnten sie eher mit Nachsicht rechnen. In einem SD-Bericht vom Dezember 1943 heißt es: »*Es handelt sich dabei keinesfalls nur um sittlich lockere Frauen. Es befinden sich Mädchen aus guten Familien darunter, Frauen von Soldaten, die jahrelang in glücklicher Ehe lebten, darunter welche mit mehreren Kindern. [...] Es gehören auch Stenotypistinnen, Haushälterinnen, Sekretärinnen und Angehörige der Intelligenz dazu.[...] Es ist bei der Freizügigkeit, die französische Kriegsgefangene genießen, wahrscheinlich, daß viele Fälle nicht bekannt werden[...]*« Würden Frauen gemaßregelt, hießen die Leute dies allgemein nicht gut, so der SD, als Beleg wurde die Äußerung zitiert, daß »*man nur noch Daumenschrauben und Folterkammern brauche, dann sei das Mittelalter fertig*«.[55]

Die **Bomberschlacht** wurde für viele Besatzungen der alliierten Luftstreitkräfte zum Alptraum. Sie waren bei den Einsätzen ca. 8 bis 10 Stunden in der Luft. Die Flugrouten wechselten, und beim An- und Abflug waren häufig unterschiedliche Strecken vorgegeben. Die Anflughöhen lagen gewöhnlich bei 8000 bis 10 000 Metern, die Außentemperaturen bis zu 40 Grad unter Null. Die Piloten brauchten eiserne Nerven. Sie mußten sich mit dem Wetter auseinandersetzen, in den Maschinen war es eisig kalt, die ständige Dunkelheit wurde als eine Bedrohung empfunden, beim Einflug warteten die deutschen Flakriegel mit den Suchscheinwerfern auf sie. Die Spannung in den Kanzeln stieg, und die Bedingungen in den Flugzeugen taten ein übriges: Die Insassen mußten hocken, knien, auf dem Bauch oder auf dem Rücken liegen. Die unbequemen Sitze hatten Ähnlichkeit mit einem Fahrradsattel. Die dicke, vor der Kälte schützende Kleidung engte ein.

Für die Besatzungen zählte einzig das eigene Überleben. Es war uninteressant für sie, ob und was sie getroffen hatten. Mitunter warfen sie einen Teil der Bombenlast bereits beim Anflug über der See ab. Mehr als 300 amerikanische Bomberpiloten »verflogen« sich; sie landeten in der Schweiz und in Schweden und ließen sich dort internieren. Die Militärführung kritisierte die Kampfmoral der Besatzungen öfters.

Drei Dinge waren es vor allem, vor denen diese Angst hatten: Flakgeschütze, Jagdflugzeuge, abgeschossen zu werden und deshalb abspringen zu müssen. Einige Flugzeugtypen fingen schnell Feuer, so daß die Insassen sich nicht immer mit dem Fallschirm retten konnten. Je nach der Bedeutung, die der Stadt von der deutschen Seite beigemessen wurde, war die Luftabwehr ausgestattet. Flak und Jäger setzten den anfliegenden Bombern bis 1944 zu. Und auf dem Heimflug, wenn sie Müdigkeit oder auch Erschöpfung befiel, warteten die deutschen Nachtjäger auf die Maschinen der RAF und attackierten diese mit teilweise großem Erfolg. Allein bei den Angriffen auf deutsche Städte verlor die RAF etwa 55 000 Besatzungsmitglieder.

Nach dem Krieg mußten viele Insassen der Kampfflugzeuge noch lange ärztlich behandelt werden, weil sie die Angst und seelischen Belastungen nicht verarbeiten konnten. Vom eigenen Gewissen wurden sie wohl nicht geplagt, selbst wenn ihnen nach den Angriffen schwante, was sie angerichtet hatten. Bei den jungen Männern machte sich nach den Angriffen und dem Überstehen der auf sie lauernden Gefahren vielmehr das Gefühl spontaner Erleichterung frei. Sie wurden agitiert und konnten sich nicht nur auf Befehle, sondern auch darauf berufen, daß mit ihren Angehörigen, mit ihren Wohnungen und Städten von deutscher Seite nicht anders verfahren wurde.

Maßnahmen zum **Schutz vor Luftangriffen** wurden schon 1933 kurz nach der Machtergreifung Hitlers erlassen. Nach den Erfahrungen des Ersten Weltkrieges hatte der Völkerbund zu Beginn der zwanziger Jahre

Ein provisorischer Luftschutzraum

versucht, das Kriegsrecht der Haager Landkriegsord-
nung von 1907 durch das sogenannte Luftkriegsrecht
zu ergänzen. Es wurde aber kein gemeinsamer Nenner gefunden. In Deutschland wurde 1935 ein Luftschutzgesetz verabschiedet, 1937 kamen ergänzende
Durchführungsverordnungen hinzu. Private Gebäude
und Personen waren dem »Selbstschutz« und dem
»erweiterten Selbstschutz« zugeordnet. Zur Unterstützung, Aufklärung und Durchführung vorberei-
tender Übungen war der »Reichsluftschutzbund« ge-
gründet worden. Das Luftschutzgesetz verlangte u. a.
die Entrümpelung von Speichern und Dachböden, die
Einrichtung von besonderen Schutzräumen bei Neu-
und Umbauten und die Einrichtung von »Luftschutzschulen« in größeren Städten. Die Luftschutzräume
sollten die Einwohner gegen mittelbare Wirkungen von Sprengbomben wie Luftstoß, Luftsog, Bom-
bensplitter, Bautrümmer und chemische Kampfstoffe

sichern. Dort waren Einreißhaken, Leitern, Hand-feuerspritzen, Feuerpatschen, Sandkisten und andere Luftschutzgeräte deponiert. Die Verdunkelungspflicht verlangte, die Fenster mit schwarzen Papier oder schwarzer Pappe so abzudecken, daß auch an den Seiten kein Lichtschimmer nach außen dringen konnte. Da auf die Vorbereitung von Schulkindern großer Wert gelegt wurde, mußten sich Lehrer einer Ausbildung in den Luftschutzschulen unterziehen und danach mit den Kindern z. B. den Umgang mit Feuerlöschern und mit Gasmasken üben. Ab 1938 wurden die sogenannten Volksgasmasken ausgegeben und ihr Gebrauch mit vielerlei Informationsmaterial und praktischen Übungen der Bevölkerung vermittelt.

Der bestmögliche Schutz der Wehrmacht und ihrer Kraftquellen hatte Priorität vor dem Schutz der Zivilbevölkerung. »*Der Luftschutz hat die Aufgabe, organisatorische und technische Vorkehrungen zu treffen, um die Kampfkraft, die Arbeitskraft und den Widerstandswillen des gesamten Volkes gegen die Wirkung von Luftangriffen zu erhalten*«, heißt es in der präzisierten Luftwaffendienstvorschrift aus dem Jahre 1942.

Grundsätzlich waren alle Deutschen zu Leistungen verpflichtet; das konnten Arbeits- und Dienstleistungen sein, aber auch Sachleistungen. Hier soll vor allem auf die Schutzmaßnahmen hingewiesen werden, die zum Selbstschutz der Bevölkerung erlassen oder angeregt wurden und auf die Unterstützung, welche die zuständigen Dienststellen dafür gewährten. Nach Kriegsbeginn belehrten die Luftschutzverantwortlichen die Bevölkerung in vielerlei Schulungen über das Verhalten bei Fliegeralarm, das Abdichten und Verdunkeln der Fenster, die Bereitstellung von Selbstschutzausrüstungen und den Ausbau behelfsmäßiger Schutzräume.[56] Auch für Schulkinder hatte man Verhaltensregeln aufgestellt, die öffentlich ausgehängt oder durch Bastelbögen u. ä. kindgemäße Merkblätter verbreitet wurden, wie das folgende Gedicht zeigt:

Sei stets bereit und denke dran,
daß heut der Tommy kommen kann!
Der eine spricht: Bei Mondenschein,
da fliegt der Tommy doch nicht ein.
Der andere sagt: Bei schlechter Sicht,
da kommt der Tommy sicher nicht.
Du höre nicht auf das Gequatsche,
denk lieber an die Feuerpatsche
und an das andere Löschgerät,
ob alles auch in Ordnung geht.

Die Spritze ist vielleicht entzwei.
Vielleicht muß auch mehr Sand herbei.
Ist Wasser in der Badewanne,
im Bottich, Eimer, in der Kanne?
Wenn nicht, dann gieß es gleich hinein,
denn Du mußt stets gerüstet sein.

Ziehst Du Dich aus, dann sei so nett
und stell die Stiefel gleich vors Bett,
leg Deine Kleider griffbereit,
so daß Du in der Dunkelheit
in einer möglichst kurzen Frist
vollständig angezogen bist.

Geht's dann hinunter in den Keller,
nimm das Gepäck, bei Dir geht's schneller.
Soll sich damit die Mutti plagen?
Du kannst ja auch den Kleinen tragen.

Denn darauf kommt es heute an,
daß jeder hilft, so gut er kann.

Wenn es dann schießt, wenn es dann kracht,
dann keinen großen Lärm gemacht,
dann seid auf Draht und auf dem Kien
und haltet Ruh' und Disziplin!

Der Terror trifft uns halb so hart,
wenn jeder Disziplin bewahrt!

Vor allem Schüler der älteren Volksschulklassen trainierten den Umgang mit der sogenannten Volksgasmaske, weil der Einsatz von Gas fast unausbleiblich schien.

Anfangs erschienen in den Tageszeitungen Leserbriefe mit Hinweisen, wie man die Alarmzeit im Keller sinnvoll verbringen könne. Da war von gemeinsamen Spielen die Rede, auch zur Unterhaltung der Kinder gedacht, ja sogar vom gemeinsamen Singen. Dies alles sollte dem Aufbau und Erhalt der Volks- und Kampfgemeinschaft dienen. Ein Leserbrief schloß mit den Worten: *»Wer hätte gedacht, daß es im Luftschutzkeller so gemütlich sein könnte!«* Doch damit war es schnell vorbei.

In den Jahren 1940/41 haben sich die angeordneten Schulungen und Maßnahmen durchaus bewährt. Bei kleineren Bränden half die Zivilbevölkerung tatkräftig löschen. Bei den massiveren Angriffen ab 1942 wurden die Anordnungen kaum noch propagiert. Gegen die Flächenbrände waren die Menschen machtlos. Wer noch die Kraft dazu hatte, verließ die Luftschutzräume, so schnell es ging, und flüchtete ins Freie oder versuchte sich in Bunker zu retten. Feuerlösch- und

Entgiftungstruppen, Angehörige der Technischen Nothilfe, Kriegsgefangene, ausländische Zwangsarbeiter und Häftlinge und freiwillige Helfer brauchten oft Wochen, bis das größte Chaos beseitigt werden konnte.

Nicht nur durch Bomben, sondern auch durch die Fliegerabwehrgranaten konnte man zu Schaden kommen. Auch deshalb war ein Aufenthalt im Freien während eines Angriffes eigentlich untersagt; aber bei Flächenbränden boten auch die Keller und Bunker keinen ausreichenden Schutz.

Zu den Aufgaben der örtlichen Luftschutzleitungen gehörten:

- *Rettung von Verletzten und Suche nach Vermißten,*
- *Brandbekämpfung,*
- *Sammlung der Bombengeschädigten an Orten, die sich für eine Erstversorgung und den Weitertransport eigneten,*
- *Bergung der Toten,*
- *Beseitigung einsturzgefährdeter Gebäudeteile,*
- *Freimachen und Freihalten der Zufahrtswege zu den Brandherden,*
- *Absperrung der Schadensstellen,*
- *Räumung einzelner Häuser oder ganzer Straßenzüge.*

Die im NS-Staat für alle Belange der sozialen Fürsorge zuständige Nationalsozialistische Volkswohlfahrt (NSV) gab nach den Angriffen Essen und Kleidung an Bombenopfer aus, übernahm die Einweisung in Notquartiere und organisierte die Evakuierung. Die NSDAP hatte die 1932 gegründete Organisation 1933 ihrer Reichsleitung unterstellt. Im Zuge der Gleichschaltung wurden ihr speziell das Winter- und

Verteilung belegter Brote nach einem Angriff

Ernährungshilfswerk sowie sämtliche Verbände und Vereine der freien Wohlfahrt untergeordnet.

Die Luftschutzorgane hielten die Bevölkerung zur Selbsthilfe an. Die Zahl der Opfer wäre noch sehr viel höher gewesen, wenn die Bevölkerung, besonders aber die Frauen, den schier aussichtslosen Kampf gegen die Auswirkungen des Bombenkriegs nicht so entschlossen geführt hätte. Ältere Schüler und Jugendliche wurden fast wie Erwachsene einbezogen, um Verschüttete oder Hab und Gut zu retten. Sie hielten nachts Brandwache, halfen bei der Bergung, ohne auf die Gefahren durch Blindgänger und herabstürzende Trümmer zu achten. Mädchen betreuten kleinere Kinder der Ausgebombten oder halfen in Feldküchen, bei Evakuierungsdiensten auf Bahnhöfen und bei der Ausgabe von Kleidung. Arbeitskollegen und Bekannte unterstützten sich, wo sie konnten.

Ausgebombt, obdachlos –
die Tragödie der Betroffenen

Berichte über schwerste Angriffe, den Verlust von Haus, Wohnung, Habe und vor allem von engsten Angehörigen spiegeln Leid, Trauer, Hoffnungslosigkeit, aber auch die Gelassenheit wider, mit der Ausgebombte nach der Überwindung des ersten Schocks ihr Schicksal ertragen haben. Es war, als setze sich der Körper mit seinem natürlichen Abwehrsystem gegen ein Zuviel an Kummer und Belastung zur Wehr. Eine Flucht in Krankheit und Depression hätte sich gegen die eigenen Interessen gerichtet. Das Leben mußte weitergehen, die Überlebenden verlangten ihr Recht, wollten wohnen, essen, zur Schule und zur Arbeit gehen. So traten psychische Reaktionen meist erst auf, wenn den Betroffenen ihre Situation später tatsächlich bewußt wurde. Selbst Ärzte haben Traumata und andere seelische Folgen der Bombenangriffe lange unterschätzt oder gar tabuisiert.

Eine junge Frau aus dem Ruhrgebiet schrieb:

»Fünfmal, überall wo wir (bei Verwandten) gewohnt haben, sind wir wieder ausgebombt worden[...] Zwischendurch haben wir uns eine Wohnung, die wir vom Wohnungsamt gekriegt hatten, auch wieder eingeräumt. Das Haus war wiederaufgebaut worden. Und vier Wochen später war es wieder weg[...] Dabei haben wir immer Glück gehabt, daß wir noch rausge-

kommen sind[...] Beim letzten Mal standen wir dann wieder draußen mit dem Koffer und der Angriff war noch nicht zu Ende. Wir standen da so auf einem freien Platz, unser Vater mit meiner Schwester und mir. Angst! Und dann die Frage: Wohin gehen wir jetzt? Der Hauswart sperrte uns schließlich die Wohnung einer Evakuierten auf, die wir bis 1953 bewohnten[...] Wenn man nur die Flieger hörte, fing man schon an zu zittern. Ich hab' mir immer die Ohren zugehalten im Keller. Das kann man gar nicht so wiedergeben, weil, das war eine Situation, wenn man das heute so erzählt ... Am Beten, auf die Erde gekniet, ›Lieber Gott‹ und so weiter. Das war schlimm, aber am schlimmsten war der Tod meines Bruders, der noch 1945 fiel. Vater wollte ihn beim Fronturlaub zurückhalten, aber er ging und fiel an meinem Geburtstag. ›Für Führer, Volk und Vaterland‹. Also das war der erste große Schock, den ich persönlich erlitten habe, Das hat die ganze Kriegszeit nicht fertiggebracht. Man hat wohl einige Male alles verloren [...], aber das hat einen nicht so beeindruckt, wie der Tod des älteren Bruders[...]«

In den »Überlebensberichten« der Suchstelle des Magistrats der Stadt Kassel gibt es erschütternde Zeugnisse von Männern und Frauen und Jugendlichen, die den Angriff auf Kassel am 22. Oktober 1943 erlebten. Diese Protokolle könnten genauso aus Hamburg, Pforzheim, Braunschweig, Darmstadt, Nürnberg, Frankfurt am Main, Wuppertal und den vielen anderen Städten stammen, die ebenso verheerend heimgesucht wurden.

Nachfolgend der Bericht eines 17jährigen:

»Ich ging mit meinen Eltern und meinen vier jüngeren Geschwistern in den Keller. Keiner dachte an *einen Angriff. Alle Bewohner des Hauses waren recht munter. Kurze Zeit später fielen die ersten Bomben, da waren die Frauen und Kinder alle aufgeregt[…] Als die Bomben in nächster Nähe fielen, wurden die Kellertüren eingedrückt und wir hatten einen freien Durchzug. Kurz danach drang Rauch in den Keller. Dann kamen die Insassen der Luftschutzkeller aus den Nebenhäusern zu uns durch die Durchbrüche. Durch das Öffnen der Durchbrüche kam starker Rauch herein. Der Raum war überfüllt, wir versuchten durch die Mauerbrüche wegzukommen. Hier war es unmöglich, da sämtliche Treppenhäuser in der Nachbarschaft eingestürzt waren. Es brach eine große Panik aus, keiner glaubte mehr an ein Entkommen. Dann habe ich nachgeguckt, ob man noch durch den Hausflur entkommen konnte. Als ich den Hausflur erreicht hatte, stürzte auch noch unser Treppenhaus ein. Da war ein Entkommen der Eingeschlossenen unmöglich. Unsere Haustür lag eingestürzt im Hausflur. Ich versuchte durch die Parterrewohnung zu entkommen. Jedoch hatte ein Mieter die Jalousien geschlossen. Diese waren mit Phosphor bespritzt und brannten. Ich mußte dann über die brennende Haustür steigen und erreichte somit die freie Straße.*

Hier lagen Balken und brannten, es stürzten Steine und Fenster von den Häusern nieder[…], ich traf einen Freund und wir schlugen uns gemeinsam bis zum Holländischen Platz durch. Der Angriff war schon zu Ende. Hier waren wir in einen Hexenkessel geraten, es brannte von allen Seiten[…] Überall Flüchtende und Brand. In der Mombachstraße wurde eine Bäckerei ausgeräumt, das Brot wurde an die Flüchtenden verteilt.

*Meine Eltern und Geschwister wurden acht Tage
nach dem Angriff ausgegraben und beerdigt. Ich bin
der einzige Überlebende.«*

Ein 60jähriger Mann mußte erleben, daß seine Familien in einer einzigen Stunde ausgelöscht wurde:

*»Wie der Alarm war, da ist meine Frau mit den zwei
Kindern in die Pinne (ein öffentlicher Luftschutzraum
in Kassel) gegangen. Wir haben noch im Hausflur und
auch im Haus gestanden und dann ging es Schlag auf
Schlag. Dann hatten wir eine Brandbombe im Haus
und die Häuser brannten alle. Dann haben wir zu
retten versucht, aber wie dies nicht mehr ging, da sind
wir die Artilleriestraße runter zur Schule am Wall.
Und da haben wir uns die ganze Nacht aufgehalten.
Da wurde denn gesagt, in der Pinne sei die Panik ausgebrochen. Da bin ich raus [...], fand meinen Jungen
und der sagte: »Mutter und Günter sind tot«... der
Junge war nicht zu erkennen, er war ganz verrußt
und war durch die Durchbrüche aus den Bierkellern
gelaufen. Auf die Pinne ist ein Volltreffer gekommen.
Die Leute sollen alle einen Lungenriß gehabt haben
und sind nachher an den Gasen erstickt. Mein Junge
hat wohl günstig gelegen und sich ein nasses Tuch vor
den Mund gehalten. Den Leuten mit dem Lungenriß
lief das Blut aus Nase und Mund. Da hat der Junge
zwischen den Toten gelegen [...]*

*Aus erster Ehe hatte ich fünf Kinder, davon sind drei
Jungen im Osten. Eine Tochter ist ... mit Mann und
Kindern in der Pinne umgekommen. Nun bin ich alleine mit dem Jungen noch übrig und wir waren eine
große Familie.«*

Abschließend der Bericht einer jungen Mutter:
»Ich bin nun mit der Oma und meinen beiden Kin-

dern, Irmgart und Brigitte, in die ›Pinne‹ gelaufen[…]
Als ich wieder aufwachte, hat meine Tochter geschrien: Mutti, ich ersticke! Sie lag unter lauter Toten
im Keller. Und ich hatte meine Jüngste auf dem Arm
und das Kind hat noch bis sechs Uhr morgens gelebt[…] Weil die Große immer geschrien hat, bin ich
immer wieder aufgewacht und am Leben geblieben[…] Beim Ausgraben am Morgen wurde ich wieder wach. Ich rief: Lieber Mann, helfen Sie doch das
Kind herauszuziehen. Ich konnte mich gar nicht hin-
stellen, weil die Toten alle zu meinen Füßen lagen.
Dann haben sie das große Kind rausgeholt und dann
mich. Das kleine war schon eiskalt. Ich habe dann
meine Große gesucht und auch meinen Mann in der
Schule am Wall gefunden. Die Große haben wir auf
der Hessenkampfbahn gefunden. Sie war verbunden
am Auge und am rechten Bein und hatte Verbren-
nungen[…] Die Kleine haben wir nach drei Tagen vor
der Pinne gefunden[…], ich durfte das Kind nicht mitnehmen weil es tot war[…]«

Ausquartiert, evakuiert, »kinderlandverschickt«

Das Verlassen der Umgebung, in der man lebte, arbeitete, zur Schule ging, wo man Freunde, Verwandte und Bekannte hatte, wurde als ein sehr tiefer Einschnitt empfunden. Dahinter stand immer ein bestimmter Druck. Sei es, daß Verwandte in weniger bombengefährdeten Gebieten ihre Bereitschaft zur Aufnahme von Familienmitgliedern bekundeten oder beispielsweise Eltern und Großeltern dies dringlich wünschten; sei es, daß eine behördliche Anordnung erging oder die Erfahrung von durchlebten Bombennächten die eigene Initiative beflügelte. Die schlimmste Form dieses Zwanges war natürlich die Zerstörung der Wohnung durch einen Angriff, bei dem nur das nackte Leben gerettet werden konnte.

Das Reichsinnenministerium hatte seit Kriegsbeginn umfangreiche Vorgaben für die Behörden in den Entsende- und Aufnahmeorten erlassen. Zunächst sollten Umquartierungen auf den eigenen Wohnort oder das unmittelbare Umland beschränkt bleiben. Dafür wurden Sammelunterkünfte eingerichtet oder Privatquartiere herangezogen. Das Regime wollte durch die Evakuierung einer Demoralisierung in den Großstädten vorbeugen. Die unmittelbare Angst vor Angriffen konnte den Umquartierten genommen werden, wenn auch nicht die Sorge um die zurückgebliebenen Angehörigen. Eine finanzielle oder materielle Unterstützung wurde bei Veränderung des Wohnsitzes zunächst nicht gewährt. Wohlhabendere Bürger machten mehr Gebrauch (bis zu 60 %) von den Evakuierungsangeboten als die Bewohner von Arbeiterbezirken (bis zu 28 %; die Angaben beziehen sich auf Berlin). Sie konnten einen zweiten Haushalt nicht oder nicht lange finanzieren, wenn Familienmitglieder dableiben mußten, weil ihre Tätigkeit als »kriegswichtig« galt. Die Umquartierten kehrten häufig in die Heimatstadt zurück, um die Familie wieder zu vereinen; auch hier war der Anteil von Einwohnern der Arbeiterbezirke am höchsten.

Als 1943 der Bombenkrieg vorher nicht für möglich gehaltene Dimensionen annahm, wurde die Evakuierung zu einem Massenproblem. Die Vorgaben für die Entsendegebiete wurden neu bestimmt und die Verkehrsbedingungen zwischen Entsendegebiet und Aufnahmegebiet geprüft. In den aufnehmenden Gemeinden mußten vorab entsprechende Quartiere festgelegt werden, Hotels, Ferienheime, Schulräume usw. waren nicht mehr ausreichend verfügbar. »Unentbehrliche« Arbeitskräfte sollte möglichst im eigenen Wohnort oder in unmittelbarer Nähe untergebracht werden. Männern und Frauen mit »nicht kriegswichtigen« Tätigkeiten mutete man weitere Entfernungen zu. Alte, Kinder und Nichtberufstätige wurden zur Evakuierung aufgefordert. Die Behörden übten dabei mitunter Druck aus. Das Amt für Familienunterhalt übernahm die Kosten für die Bahnfahrt und den Transport von Sachen. Am neuen Aufenthaltsort konnten die Umquartierten einen »Räumungsunterhalt« beantragen.

Die restliche Habe. Essen 1943

Auch nach den schweren Angriffen im Mai 1943 auf Wuppertal, im Juni auf Düsseldorf, Oberhausen, Krefeld und Köln sowie der alles übertreffenden Wucht der Operation »Gomorrha« im Juli auf Hamburg verließen die meisten Einwohner ihre Heimatstädte nur dann, wenn ihnen gar nichts anderes übrigblieb. Bewohner Ludwighafens versuchten an Hab und Gut zu retten, was zu retten war und persönliche Angelegenheiten zu regeln, bevor sie in eine Evakuierung einwilligten. Wie in anderen schwer bombardierten Städten brauchten in den ersten Tagen nur wenige Omnibusse oder Eisenbahnwagen zum Sammeltransport eingesetzt zu werden, weil die Menschen lieber versuchten, *»unter den denkbar primitivsten Verhältnissen weiter zu hausen. Oft wurden die Kellerräume von öffentlichen Gebäuden und sogar Schulsäle zu Nachtquartieren auf eigene Faust eingerichtet. Eine* *größere Zahl von Obdachlosen übernachtet zur Zeit auch in Bunkern.«* Daraufhin habe sich die *»ortsgebundene Belegschaft der Rüstungswirtschaft«* beschwert, *»daß sie einerseits in der luftgefährdeten Stadt bleiben müssen, andererseits aber keine hinreichenden Sicherungsmöglichkeiten haben. Diese Volksgenossen verlangen Zutritt zu den Bunkern und öffentlichen Luftschutzkellern, bevorzugt vor den Frauen, Kindern und alten Leuten, welche hier nicht arbeitsgebunden sind und sich deshalb von der NSV umquartieren lassen können.«*

Aus Köln mußten rund 300 000 Menschen evakuiert werden. Der damalige Kölner Gauleiter Josef Grohé hob in einem Bericht an seine vorgesetzte Dienststelle hervor, daß *»dabei keine Panik entstand, ist neben der übermenschlichen Leistung unserer Kreise und Ortsgruppen auf die gute Grundhaltung der Bevölkerung zurückzuführen, die trotz der großen Verluste an Hab und Gut und vor allem der ungezählten schlaflosen Nächte [...] anständig und beherrscht blieb«*, obwohl in den Tagen der Luftangriffe nur begrenzt auf die Menschen eingewirkt werden könne: *»Zeitungen fallen aus oder können nicht transportiert werden; der Rundfunk entfällt wegen Zerstörung der Geräte oder [...] wegen Stromausfall. Nur mit ganz kurz gehaltenen Plakaten und Flugblättern kann man sich an die Bevölkerung wenden.«* Die meisten der aus Köln heraustransportierten Volksgenossen seien in Nachbarkreisen des Gaues geblieben, *»weil sie sich mit den primitivsten Lagerstätten abfinden«*, um in der nächsten Umgebung Kölns sein zu können. Die Menschen würden *»sich lieber einen Kellerraum wohnlich machen oder in ein Schreberhäuschen ziehen«*.

Zur Evakuierung in weit abgelegene Orte seien nur eine kleine Minderheit, deren Nerven die vielen Alarme nicht mehr aushielten, und jene, die trotz aller Anstrengungen keinerlei Unterkunftsmöglichkeiten fanden, bereit gewesen.[57]

Da die Verkehrsanlagen und Bahnhöfe in den Zentren der Städte nach Angriffen meist nicht mehr funktionsfähig waren, herrschten beim Abtransport von Bombengeschädigten und ihrer restlichen Habe oft chaotische Verhältnisse. Die Behörden wichen deshalb auf Vorortbahnhöfe aus, in deren Umgebung Auffanglager errichtet wurden. Binnen weniger Tage mußten aus Hamburg 900 000 Einwohner evakuiert werden, die verängstigt, verstört, teilweise verwundet waren. Am 26. und 27. Juli 1943 brachten 47 Sonderzüge 47 000 Obdachlose nach Schleswig-Holstein. Sowohl die Schiffe der Elbschifffahrt als auch alle verfügbaren Lastkraftwagen, Autobusse und Pferdefuhrwerke wurden für Transporte eingesetzt. Viele der Ausgebombten zogen zu Fuß und mit einem Handwagen aus der rauchenden Stadt. An den Straßen standen Leute, die ihnen Wasser oder etwas zu essen gaben. Die Hilfsbereitschaft war in diesen Tagen außerordentlich groß.

Im Herbst 1943 waren in Deutschland rund 3,6 Millionen Evakuierte registriert,[58] davon allein 740 000 aus Hamburg, mehr als 600 000 aus Berlin und 570 000 aus Dortmund. Es folgten Düsseldorf mit 350 000, Münster und Bremen mit je 280 000 und Essen mit 270 000. Einwohner aus dem Rhein-Ruhr-Gebiet wurden vor allem in den Südosten Deutschlands, in Bayern, Franken, Schwaben und in Österreich angesiedelt, das damals als sogenannte Ostmark dem Reich

Evakuierung 1944

angeschlossen war. Aus den nördlich gelegenen Gebieten führte die Evakuierung nach Brandenburg,
Sachsen, Schlesien und Ostpreußen. Die Zahlen
schwankten, viele suchten nach besseren Bedingungen und fuhren weiter, andere entschlossen sich zur
Rückkehr, sobald ihnen die Situation in der Heimatstadt wieder erträglich schien. Nach Berlin waren bis
November 1943 schon mehr als 200 000 Personen wieder zurückgekehrt, in den anderen Städten war der
Trend ähnlich.

Die Wohnbedingungen in den Großstädten waren
auch damals meist wesentlich besser als auf dem
Lande oder in Kleinstädten. Die Evakuierten mußten
mit schlecht oder gar nicht beheizbaren Zimmern und
Kammern vorliebnehmen, die sanitären Anlagen waren ungewohnt primitiv. Wasser mußte oft in Eimern
von einer Pumpe geholt werden; waren keine Bade-

zimmer oder Badeöfen vorhanden, wurde zur wöchentlichen Körperreinigung eine Zinkbadewanne aufgestellt. Außer Leibwäsche und Kleidung sollten die Evakuierten nur maximal 50 Kilogramm Hausrat mitnehmen, und so fehlte es an Betten, Bettzeug und Kochgeschirr. Kleine Elektro-Kocher konnten wegen unzureichend ausgelegter Stromkreise oft nicht benutzt werden. Es gab kaum die Möglichkeit, regelmäßig Radio zu hören. Die Nachbarn, Freunde, die vertraute Umgebung fehlten. Kein Wunder, daß die schlechten Bedingungen in der Großstadt, die man gerade hinter sich gelassen hatte, als regelrecht rosig erschienen.

In ländlichen Gebieten wurden die Evakuierten aufgefordert, den Bauern bei der Ernte zu helfen, um die eigene Versorgung zu verbessern. Oft bekamen sie zu hören: »*Wenn die Bauern Euch nicht mögen, bekommt ihr nichts zu essen. Dagegen können wir nichts tun.*« Waren sie nicht zur Mithilfe in Haus und Hof bereit, galten sie als bequem und faul. Die gemeinsame Nutzung von Küchen, Toiletten, Waschräumen, Böden und Kellern, Lärm und Unordnung der Kinder boten reichlich Anlaß zu Streitereien zwischen den Eigentümern und den unerwünschten Mietern. Weil die Großstädter meist selbstbewußt und ausdrucksgewandt auftraten, nannte man sie spöttisch »Bombenweiber« oder »Bombenheinis«. Häufig bemühten sich beide Seiten nicht mehr, die Spannungen zu überbrükken. Appelle an die »Ehrenpflicht« der Bewohner in den Aufnahmegebieten, den Evakuierten bestmöglich zu helfen, blieben wirkungslos. Die Beschwerden und Eingaben an die zuständigen Behörden häuften sich. Gehässigkeiten und Empfindlichkeiten führten dazu, daß Streitereien vor Gericht ausgetragen wurden, teilweise aus den nichtigsten Gründen. Vor allem Mütter mit mehreren Kindern ließen sich immer schwerer ordentlich unterbringen.

Sogar die Aufnahmebereitschaft in der Familie und im Bekanntenkreis nahm im Laufe des Krieges stark ab. Wer sich weigerte, die geforderte Zahl von Räumen zur Verfügung zu stellen, dem wurde mit der Entsendung von »Räumungstrupps« gedroht. Dadurch verbesserte sich die Situation jedoch kaum. Wie schwer das Leben in den neuen Aufenthaltsorten war, beschreibt eine umquartierte Frau:

»Wir werden von Pontius nach Pilatus gejagt, wenn wir etwas uns Zustehendes haben wollen. Jede Dienststelle wimmelt uns ab und schickt uns zu einer anderen. Zuerst kommen wir zur NSV, die schickt uns zum Bürgermeister, wieder zum Ortsgruppenleiter, zum Verbindungsmann für uns Evakuierte, dann geht es zum Landrat, von dort zum Kreisleiter selbst, der uns Hilfe verspricht, die aber nicht kommt. Keine Dienststelle will zuständig sein, und wenn sich schon mal eine für kompetent hält, dann wird die Entscheidung von einer anderen wieder umgeschmissen. Jeder hat Angst vor dem anderen, und jeder maßt sich größere Rechte an. Oder ist das alles nur eine Kompetenzhändelei zwischen Staat und Partei? Um Lebensmittel einzukaufen, müssen wir viele Kilometer zurücklegen, auch bei Wind und Wetter, Eis und Schnee. Die Kinder sind derweil unbeaufsichtigt zu Hause[…]«

Eine andere Evakuierte schilderte in einem Brief ihre Gefühle am Heiligen Abend (wahrscheinlich 1943):

»Also nun ist er da, der Heiligabend! Da sitze ich in dem trostlosen Nest, die äußerste Kante Thüringens –

das Herz von Deutschland! Ein winziges niedriges Stübchen, mit einem Bettchen mit Brettern unten drin und einem dünnen Strohsack drauf. Ein Tisch, eine wacklige Bank, ein ebensolcher Stuhl! Zwei ›gute‹ Stühle, ein uralter Schreibsekretär (jetzt Küchen-, Vorrats- und Wäscheschrank). Dazu ein Ofen von Anno Pfeifendeckel, das ist mein ganzes Mobilar[...] Uns hat man hier in ein ›weniger gefährdetes‹ Gebiet gebracht[...] Ach, was führt man doch ein elendes Leben in diesem kleinem Budchen. Wenn ich an unser schönes helles Heim denke, all die hübschen Sachen, das Herz dreht sich mir um[...] Heiligabend! Christnacht – ein rasendes Heimweh wühlt im Herzen! Nichts, nichts, nichts, was an dieses schöne heilige Fest erinnert[...] Der Sprecher im Rundfunk heute Abend gab die Luftlage bekannt: Starke feindliche Verbände im Anflug auf Westdeutschland. Im selben Atemzug sprach er weiter[...] wir bringen Ihnen Musik zum Heiligen Abend«!

Zu den täglichen Problemen der Ernährung und des Zusammenlebens kam die seelische Belastung, die eine lange Trennung der Familie mit sich brachte. Auch Eifersucht mag sehr häufig Anlaß zur Unzufriedenheit gewesen sein. Verblieb der Ehemann wegen der Arbeitsstelle in der heimatlichen Großstadt, drängte er seine Angehörigen nicht selten zur Rückkehr, da es ab 1943 in Deutschland kaum noch ungefährdete Gebiete gab, und es egal sei, wo man getroffen wird.

Ein Kumpel aus dem Ruhrgebiet sprach offen über seine Einsamkeit: *»Ich denke schon wieder mit Schrekken an den Abend. Solange ich im Betrieb bin, weiß ich nichts davon, aber wenn ich nach Hause komme, habe ich das Grauen. Es fehlen mir dann meine Frau* *und das Lachen meiner Kinder*«. Dabei weinte der Mann, ohne sich seiner Tränen zu schämen.

In welche Stimmung der folgende Brief einer Hamburgerin, die mit drei kleinen Kindern nach Süddeutschland evakuiert worden war, den zurückgebliebenen Ehemann versetzte, kann man sich leicht vorstellen: »*Ich rate jedem ab, hier in die Gegenden zu fahren, die kein Verständnis haben können für eine solche Lage[...] Mit hundert Leuten auf dem Fußboden in der Bahnhofshalle in Linz mußten wir liegen. Nirgends ein Kinderbett. Habe schon die vierte Nacht nicht geschlafen[...] Meine Kellerwohnung in Hamburg war tausendfach besser[...] Ihr alle dort macht Euch ja keinen Begriff von dem Leid der Flüchtlinge. Verhindere wo Du kannst, daß die armen Menschen in Gegenden fahren wo der tiefste Frieden ist[...] Kein Mensch hat hier Verständnis in der Ostmark. Ich wünschte, daß die hier einmal Bomben bekämen[...]*«

Das Goebbels-Ministerium verschickte Musterbriefe, die den evakuierten Frauen zeigen sollten, wie aufmunternde Mitteilungen an die Front oder in die zerbombte Heimatstadt abzufassen waren.

Die Bürokratie funktionierte auch in den letzten Kriegsjahren noch: Bei der Abmeldung im Evakuierungsort mußte eine Genehmigung zur Rückkehr aus der Heimatstadt vorgelegt werden. Diese bekamen eigentlich nur Personen, deren Arbeitskraft dort benötigt wurde. Die arbeitsfähigen Frauen wurden auch an ihrem neuen Aufenthaltsort in Rüstungsbetrieben, bei der Reichsbahn oder Verkehrsbetrieben eingesetzt, und die Arbeitgeber konnten Einspruch gegen die Rückkehr erheben.

Sogar zeitweilige Heimreisen mußten von den örtlichen Dienststellen genehmigt werden und waren einem strengen Reglement unterworfen. In den Anmeldestellen herrschte oft ein großes Durcheinander. Gar nicht selten dürften Evakuierte Lebensmittelkarten und Sonderzuteilungen in der Heimatstadt und ein zweites Mal am neuen Aufenthaltsort bezogen haben. Wer dabei ertappt und deshalb angezeigt wurde, mußte mit einer Bestrafung und Bekanntmachung in der Öffentlichkeit rechnen, um andere abzuschrecken.

Zu allem Überfluß mußten ab 1943 die schon erwähnten **Industrieverlagerungen** in größerem Stil durchgeführt und für die Arbeiter und Angestellten dieser Betriebe Unterbringungsmöglichkeiten beschafft werden.[59] Die Familienmitglieder lebten dann oftmals an drei verschiedenen Orten: die Frauen am bisherigen Wohnort, die Kinder im Lager und die Ehemänner an der neuen Arbeitsstätte.

Die deutsche Rüstungsindustrie konzentrierte sich im wesentlichen auf das Gebiet an Rhein und Ruhr, Mitteldeutschland und Berlin. Einzelne Unternehmen hatten schon 1941 Kapazitäten ausgelagert, z. B. siedelte damals Focke-Wulff Bremen die Flugzeugproduktion teilweise in Marienburg (Westpreußen), Posen und Cottbus an. Rüstungsminister Speer begann im Frühjahr 1943 in größerem Umfang Umgruppierungen von Rüstungsbetrieben zu planen. Hitler war zunächst dagegen, doch im Juni 1943 erteilte er Speer eine Generalvollmacht zur Beschlagnahme von Fabrikräumen und zur Stillegung nicht kriegswichtiger Betriebe. Dadurch frei werdende Arbeitskräfte sollten vorrangig der Rüstungswirtschaft zugeführt werden.

Ein von Speer eingesetzter Sonderausschuß verfügte

zwischen September 1943 und Mai 1944 die Schlie-
ßung von 1696 Betrieben mit ca. 220 000 Arbeitern
und Angestellten. Betroffen waren vor allem Textil-
betriebe. Die Ausrüstung wurde häufig dem Verderb
preisgegeben, weil eine ordnungsgemäße Haltung und
Wartung ausgeschlossen war. Die geräumte Fabrika-
tionsfläche von ca. 11 Millionen qm wurde vorzugs-
weise für die Flugzeugproduktion zur Verfügung
gestellt (65 %) sowie für die Waffen- und Munitions-
industrie (17 %) und die Kraftfahrzeug- und Panzer-
industrie (10 %). Hauptstandorte der Industrieverlagerungen waren Sachsen und das nördliche Böhmen
(Sudetenland) sowie Bayern, Thüringen, Hessen und
Brandenburg.

Erheblich längere Transportwege, ein hoher Koordi-
nierungsaufwand, ein aufgeblähter Verwaltungsappa-
rat, die Anschaffung zusätzlicher Werkzeugmaschinen und Produktionsausrüstungen sowie Mehrkosten
für qualifiziertes Personal, da in allen verlagerten Produktionsstätten die Arbeitsproduktivität niedriger
war, erhöhten zwar die Kosten, doch führten die Maßnahmen insgesamt zu dem von der Kriegswirtschaft
gewünschten Ergebnis: Die Luftangriffe hatten bis
Mitte 1944 auf die deutsche Rüstungsindustrie nur
eine sehr begrenzte Wirkung; die Kapazitäten dieser
Branchen konnten gesichert bzw. sogar erweitert
werden, das vorhandene Kapital wurde angelegt. Der
Zusammenbruch der Wehrmacht (soweit durch Luftangriffe verursacht) wurde um fast ein Jahr hinausge-
schoben. Die erhaltenen Werkzeugmaschinen und
Ausrüstungen dienten nach der Kapitulation zur Be-
friedigung von Reparationsansprüchen der Alliierten
oder wurden für die zivile Produktion genutzt.

Daß während des Krieges Schutz- und Rettungsmöglichkeiten fast nur noch zur Sicherung der Rüstungsproduktion eingesetzt wurden, hatte katastrophale Auswirkungen für die Bevölkerung. Auch die Evakuierungen wurden dadurch erschwert, denn die Wohnraumbeschaffung für umgesetzte Stammarbeiter hatte unbedingte Priorität. Die Behörden unterstützten sie beim Suchen einer geeigneten Unterkunft mehr als evakuierte Familien. Auch die Quartiergeber zogen solche Arbeitskräfte einer Mutter mit Kindern vor. Sie hatten Geld für die Logis und waren eigentlich nur zum Schlafen in ihrem Zimmer, denn die tägliche Arbeitszeit betrug damals 10–12 Stunden. Oft ergab sich ein loser Familienanschluß, die Mahlzeiten wurden gemeinsam eingenommen und die Wäsche mit besorgt.

Laut Erlaß vom Januar 1944 sollten Evakuierte nur noch in Heimatnähe untergebracht werden. Vier Entfernungszonen wurden festgelegt, die Stadtinnen- und die Stadtaußenzone, eine Nahpendelzone und eine Wochenendpendelzone. Um den »landsmannschaftlichen Zusammenhalt« zu wahren, sollten »Unterbringungsgaugemeinschaften« gebildet werden. Das blieb durchweg Wunschdenken, der Krieg hatte schon zu tief in die Lebensverhältnisse jeder Familie eingegriffen. Es gab weder entsprechende Unterbringungsmöglichkeiten, noch konnte die Bahn die riesigen Ströme an Reisenden im Lande befördern und den Transport der Soldaten an die Fronten sowie der Rüstungsgüter bewältigen.[60]

Es darf dabei nicht vergessen werden, daß zwischen Oktober 1941 und Oktober 1944 fast drei Millionen Juden mit Eisenbahnzügen in die Vernichtungslager gebracht wurden. Keinem von ihnen retteten Transportprobleme das Leben!

Als 1944 Eisenbahnanlagen ein bevorzugtes Ziel bei Bombenangriffen wurden, waren fast eine Million Menschen, meist Kriegsgefangene und ausländische Zwangsarbeiter, ständig zur Beseitigung der dringendsten Schäden eingesetzt. Trotz dieser unvorstellbar hohen Zahl an Arbeitskräften herrschte oft tagelang Verkehrschaos. Der Journalist Hermann Werner hat dies am Beispiel von Stuttgart nach den schweren Angriffen im Juli 1944 beschrieben:

»Der Verkehr war fast lahmgelegt. Straßenbahnen konnten nur noch in einem Teil der Außenbezirke verkehren, in der Innenstadt fuhr keine Linie. Der Zugverkehr konnte zunächst auch nicht in den Hauptbahnhof hereingeführt werden und kam nur langsam wieder in Gang – zunächst ein Pendelverkehr der Vorortlinien. Dabei war das Bedürfnis nach Verkehr sehr stark durch die vielen von Stuttgart wegdrängenden oder für die Nacht in einen ruhigeren Ort der Umgebung fahrenden Einwohner, ferner auch durch den Versand von Hausrat und dergleichen. So begann eine wahre Völkerwanderung nach Cannstadt, Untertürkheim oder Feuerbach. Zeitweise war der Verkehr kaum noch zu bewältigen. Omnibusse und Kraftwagen traten für fehlende Straßen- und Eisenbahnen ein, ohne den Bedarf befriedigen zu können. Unzählige mußten täglich zu Fuß von den Vororten zu ihrer Arbeit gehen. Die Schnellzüge fuhren noch nach sechs Wochen über die Umgehungsbahn mit Anschluß in Kornwestheim und Untertürkheim.«

Im Herbst 1944 mußte die organisierte Evakuierung offiziell eingestellt werden. In kleineren Städten, die immer häufiger angegriffen wurden, hatten Bombengeschädigte schon vorher nicht mehr mit Hilfe bei Umquartierung rechnen können. Bis zu diesem Zeitpunkt waren ca. sechs Millionen Menschen in ländliche Regionen umgesiedelt worden – vor allem, damit die Produktion der Rüstungsbetriebe gesichert werden konnte. Als die Industrie ihre Fabriken durch Verlagerung zu retten versuchte, blieb die Zivilbevölkerung im ganzen Land ihrem Schicksal überlassen und bei den sich dramatisch steigernden Flächenbombardements fast gänzlich ohne Unterstützung.

Der Strom der hilfesuchenden Obdachlosen schwoll im letzten Kriegsjahr furchtbar an und erreichte einer Angabe des Statistischen Reichsamtes zufolge im Januar 1945 fast 9 Millionen (darunter waren schon zwei Millionen Flüchtlinge aus Ostpreußen und Schlesien), im September 1943 waren erst 2,8 Millionen erfaßt worden.

In einer Hochrechnung hatte das Statistische Reichsamt im Juni 1943 ermittelt, daß insgesamt 26 Millionen Menschen in Großstädten mit mehr als 100 000 Einwohnern wohnten.[61] Geht man davon aus, daß Kinder unter 15 und Rentner über 65 Jahren sowie nicht berufstätige Mütter die Städte verlassen sollten, dann hätten 6,5 Millionen Einwohner evakuiert werden müssen. Darauf war man in Deutschland in keiner Weise vorbereitet – schon gar nicht angesichts des Chaos der letzten Kriegsmonate. Die Ostfront zerbrach unter den Schlägen der sowjetischen Armee; im Westen standen die Alliierten Ende des Jahres an der deutschen Grenze. Der große Treck der Flüchtlinge aus dem Osten nahm seinen Anfang; Evakuierte waren erneut gezwungen, den Aufenthaltsort zu verlassen. KLV-Lager wurden verlegt oder geschlossen. Die Konzentrationslager wurden aufgelöst und die Häftlinge auf Todesmärsche geschickt, die viele nicht überlebten. Auch Zwangsarbeiter und Kriegsgefangene wurden gezwungen, zu Fuß in die Mitte des verbliebenen Restes des Deutschen Reiches zu marschieren.

Ein spezieller Teil der Evakuierungsmaßnahmen war die **Kinderlandverschickung**. Nach dem Ersten Weltkrieg waren Kinder aus Großstädten aufs Land gesandt worden, wo sie bei guter Verpflegung, Sport und Spiel Rückstände in der körperlichen Entwicklung aufholen sollten. Damals entschied der zuständige Schularzt, wer verschickt wurde. Im September 1940, nach den ersten Vergeltungsschlägen der RAF im Zuge von Angriffen der deutschen Luftwaffe, ordnete der »Führer« die Verschickung von Kindern aus den luftkriegsgefährdeten Städten aufs Land an. Die zentralen Richtlinien sahen vor, daß die NSV die Verschickung von vorschulpflichtigen Kindern und Schülern der ersten vier Klassen übernimmt und die Hitler-Jugend die Unterbringung der älteren Kinder.[62] Die Lehrer der Heimatschulen sollten den Unterricht am Unterbringungsort fortsetzen.

Klassen und Schulen wurden möglichst geschlossen in »ungefährdete« Gegenden Deutschlands »verschickt«, so die offizielle Sprachregelung, denn von Evakuierung sollte in diesem Fall nicht gesprochen werden. Die Unterkünfte – Jugendherbergen, Schullandheime, Gasthöfe und Ferienheime – waren durchweg in gutem Zustand und lagen in reizvollen ländlichen Gegenden: an der Ostsee, in Mecklenburg und

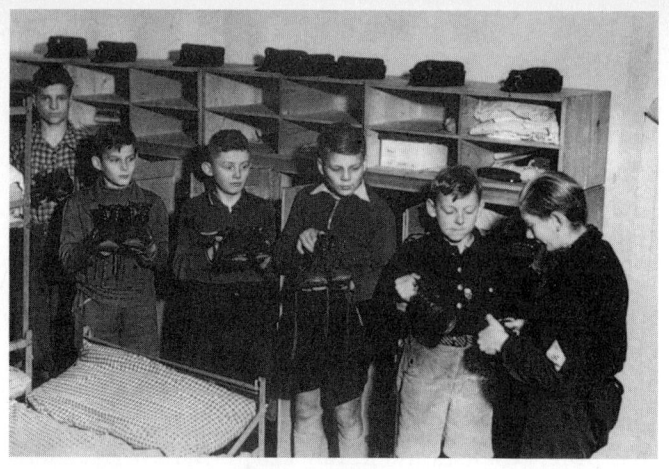

Drill bei der »Kinderlandverschickung«

Pommern, in Bayern, Schwaben, der Steiermark und im damaligen Protektorat Böhmen und Mähren. Insgesamt gab es ca. 9000 Lager, in denen 2,5 Millionen Jungen und Mädchen im Laufe des Krieges, vornehmlich aber in den Jahren 1943 bis 1945, untergebracht waren.

»Die Lager dienen der Freude, Erholung und Gesundheit Eurer Kinder«, hieß es auf einem Plakat, mit denen an die Eltern appelliert wurde, sie freiwillig in fremde Obhut zu geben. Nach den ersten schweren Angriffen auf das Ruhrgebiet, das Rheinland und norddeutsche Städte und erst recht nach den Flächenbombardements ab 1943 erschien vielen die Trennung als Chance, das Leben der Kinder zu retten. Der Schutz der Kinder vor dem Luftterror war nur ein Effekt der Aktion; zugleich konnten sie fernab des Elternhauses offensiver im Sinne nationalsozialistischer Ideale erzogen und mehr Mütter zur Arbeit verpflichtet werden.

192

Die von der »Reichsjugendführung« ausgearbeiteten Richtlinien für die Erziehung wurden in den KLV-Lagern zum Teil hundertprozentig umgesetzt. Die Tagespläne ließen kaum Raum für individuelle Neigungen, auch der konfessionellen Bindung der Kinder wurde wenig Rechnung getragen. Vor allem die katholische Kirche äußerte ständig Vorbehalte und appellierte an die Zuständigen, die Religionsausübung der Kinder nicht zu unterdrücken.

Die außerschulische Betätigung lag völlig in den Händen von meist noch jugendlichen Hitlerjugendführern. Sie konnten ihre Macht durch ungezügeltes Schleifen ausleben. Sport und vormilitärische Ausbildung standen besonders hoch im Kurs. Auch wenn zum Teil bis über das Kriegsende hinaus in diesen Lagern lebende Jugendliche eine verklärte Erinnerung an die Kameradschaft, an das meist gute Essen und eine schöne Umgebung haben, es bleibt eine Tatsache, daß sie überwiegend wie Rekruten behandelt wurden, und genau dies war ja auch beabsichtigt. Wecken am frühen Morgen, Fahnenappell vor dem Frühstück und der Zapfenstreich vor dem Schlafengehen, begrenzte Erlaubnis, das Lager zu verlassen, und Kontrolle der Post stimmten auf militärischen Drill ein. Trotz Fremdsteuerung wuchs die Selbständigkeit der Kinder, wurden Selbstbewußtsein und Durchsetzungsvermögen gefördert. Die KLV-Schüler mußten sich im Rahmen der zugewiesenen Ordnung behaupten, Leistungen erbringen, Ordnung halten. Häufig nahmen Gasteltern am Aufnahmeort sich der Kinder an, damit diese einen familiären Bezugspunkt hatten.

Der Aufenthalt im KLV-Lager konnte durch kriegsbedingte Umstände beliebig ausgedehnt werden. Die

Einrichtungen wurden zum Teil erst gegen Kriegsende aufgelöst, manche auch erst danach. Die Versorgung konnte nicht mehr auf dem anfangs üblichen Standard gehalten werden. Waren die Kinder länger als ein Jahr von den Eltern getrennt, häuften sich die Probleme. Bei vorzeitiger Rückkehr drohten Sanktionen, so verweigerten die Behörden Lebensmittelkarten oder verwiesen Jugendliche vom Gymnasium. Litten Kinder unter Heimweh und dem Drill, bemühten sich viele Eltern dennoch, sie wieder in die eigene Obhut zu nehmen. Begünstigt wurden die Forderungen nach Wiederzusammenführung der Familien durch die Tatsache, daß man ab 1944 nicht mehr von ungefährdeten Gebieten sprechen konnte. Damals mußten alle deutschen Städte jederzeit mit einem Angriff rechnen.

Wohnungsnot – sie wuchs und wuchs

Wohnungsnot bestand in Deutschland bereits vor dem Zweiten Weltkrieg in größerem Umfang. Sie war nie grundsätzlich bekämpft worden, so daß Millionen sich mit einer Wohnung begnügen mußten, die selbst bescheidenen Bedürfnissen kaum entsprach oder gar große Mängel aufwies, z. B. miserable Wärmedämmung, unzureichende sanitäre Anlagen und Beheizbarkeit, der bauphysikalische Mindeststandard wurde selten eingehalten, Grünanlagen und Spielplätze fehlten in der Umgebung.

Nach dem Ersten Weltkrieg waren 2,6 Millionen Neubauwohnungen gebaut worden, aber der Bedarf hatte sich noch viel schneller entwickelt. Trotz der Nachkriegsfolgen, der Inflation und der Weltwirtschaftskrise ab 1928 hoben sich die neuerrichteten Wohnungen im Standard meist wohltuend vom vorhandenen Wohnbestand ab.

Nach 1933 wurde der Wohnungsbau zugunsten von Objekten für die Rüstungsindustrie, Kasernen und anderen militärischen Einrichtungen sowie Repräsentationsbauten stark eingeschränkt. Bei Kriegsausbruch betrug sein Anteil am gesamten Bauvolumen nur noch 10 %.

Zwar wurden zwischen 1933 und 1939 1,8 Millionen Wohnungen gebaut, angesichts des Bedarfes war das aber nur der Tropfen auf dem heißen Stein. Der Abriß überalterten Wohnungsbestandes, die sogenannte Neuordnung einiger Städte und eine ständig wachsende Landflucht verhinderten eine Entspannung auf dem Wohnungsmarkt. 1925 lebten 16,7 Millionen Menschen in Großstädten mit über 100 000 Einwohnern, 1939 waren es 21,9 Millionen, das entsprach einem Zuwachs von 26,8 auf 31,6 % der Gesamtbevölkerung. Eine realistische Bedarfsschätzung ging davon aus, daß

- 1,5 Millionen Haushalte keine eigene Wohnung hatten,
- 1,3 Millionen Wohnungen abbruchreif waren,
- 1,7 Millionen Wohnungen benötigt wurden, um Überbelegungen abzubauen und
- 1,5 Millionen Wohnungen, um den laufenden Neubedarf zu decken.

Bei einem Gesamtbestand von 18 Millionen Wohnungen hätten also ca. 6 Millionen Wohnungen zusätzlich errichtet werden müssen, der Neubau von Wohnungen sank aber nach 1939 von 206 000 auf

1940	105 000
1941	62 000
1942	38 000
1943	30 000

Bis Herbst 1942 wuchs der Bedarf um 90 000 Wohnungen, und die Kurve stieg rasch weiter an.[63] 1940 wurde Robert Ley, der Leiter der »Deutschen Arbeitsfront«, zum »Reichskommissar für den sozialen Wohnungsbau« ernannt. Diese Bezeichnung war eine Farce, denn aufgrund der immer massiver werdenden Bombenangriffe war an Wohnungsbau überhaupt nicht mehr zu denken. Die zusätzliche Belegung großer Wohnungen, die Beschlagnahme nicht oder nur zeitweise genutzter Zweitwohnungen, die Nutzung bisher zweckentfremdeten und die Reparatur nur leicht beschädigten Wohnraumes erschienen Ley und einigen Gauleitern der NSDAP als geeignete Mittel, um den Wohnungsbedarf einigermaßen abzudecken. Hitler verwarf eine solch weitgehende Zwangsbewirtschaftung, da diese in erster Linie begüterte Familien getroffen hätte. Die Maßnahmen blieben daher wenig erfolgreich.

Im September 1943 wurde nach heftigem Hin und Her um die Kompetenzen die Einrichtung eines sogenannten »Wohnungshilfswerkes« verfügt. Ley wollte damit die Ausgebombten zu Haus- und Grundstückseigentümern machen. Als Grundlage sollten sogenannte Behelfsheime dienen, die von einigen Quadratmetern Land für Gemüseanbau umgeben sein sollten. Nach dem Krieg sei an einen Ausbau der Behelfsheime zu ordentlichen Häusern gedacht, gaukelten die offiziellen Verlautbarungen den ausgebombten Familien vor.

Bis zum Sommer 1944 wurden ca. 180 000 solche Notunterkünfte, die jeweils nur 20 qm Wohnraumfläche haben sollten, errichtet. Großbetriebe, denen an einer geordneten Unterbringung ihrer Arbeitskräfte gelegen war, unterstützten diese Aktion mit Geld, Baumaterial, Werkzeugen und, soweit verfügbar, mit dem Einsatz von Baumaschinen. Danach wurden alle diese Hilfsmaßnahmen offiziell eingestellt und die Bevölkerung ihrem Schicksal völlig überlassen.

Vom 1. September 1939 bis zum 1. April 1944 wurden 1,6 Millionen Wohnungen total zerstört, bis zum Kriegsende dürften noch 1 Million Wohnungen hinzugekommen sein. Eine wahrlich schwere Hypothek für den Neuaufbau der bis zur Unkenntlichkeit zerstörten Städte in Deutschland.

In den Unterlagen im Bundesarchiv Koblenz werden die Wohnraumverluste der am meisten betroffenen Städte wie folgt beziffert:

Köln	69,9 %
Dortmund	65,6 %
Duisburg	64,5 %
Hamburg	53,2 %
Düsseldorf	51,0 %
Hannover	50,3 %
Frankfurt	45,3 %
Dresden	39,2 %
Berlin	36,0 %

Durch die Angriffe der RAF und der USAAF hatten im Verlauf des Krieges etwa 7,5 Millionen Menschen in Deutschland ihre Wohnung verloren. Zurückkehrende Soldaten und umherirrende Flüchtlinge suchten Unterkünfte, Evakuierte drängten in die Großstädte zurück, um die Familie wieder zusammenzuführen oder weil es in den Aufnahmeorten keine Arbeits- und Verdienstmöglichkeiten gab. Manchmal lebte eine ganze Familie in einem Zimmer.

Die Stadtverwaltungen mußten teilweise rigide Maßnahmen zur Durchsetzung der Wohnraumbewirtschaftung ergreifen oder Behelfsbauten errichten. In Hamburg und anderen Großstädten wurden mitten im Zentrum sogenannte Nissenhütten errichtet, das waren Baracken mit einem halbrund geformten Dach und gemeinschaftlich genutzten Toiletten und Wasch-räumen.

Bis zu 20 Jahren mußten die Bewohner der am meisten zerstörten Städte Einschränkungen hinnehmen, erst dann entspannte sich die Wohnungssituation merklich.

Eine Nachbetrachtung

Bis 1944 mögen viele Deutsche an die Möglichkeit eines Friedensschlusses geglaubt oder auf einen Waffenstillstand gehofft haben. In den ersten Monaten des Jahres 1945 mußte jedem klarwerden, daß die militärische Niederlage nicht mehr abzuwenden war. Die Angriffe aus der Luft nahmen weiter dramatisch zu; eigentlich herrschte fast immer Alarmzustand. Im Osten standen die sowjetischen Truppen an Oder und Neiße. In langen, armseligen Trecks flohen Deutsche vor der Roten Armee nach Westen. Die Amerikaner und Briten hatten den Rhein überquert. Die noch nicht besetzten Gebiete wurden heftig umkämpft. Hängten die Menschen weiße Laken in die Fenster, wenn alliierte Truppen ihre Stadt oder ihr Dorf eroberten, mußten sie damit rechnen, von versprengten SS-Soldaten dafür erschossen oder aufgehängt zu werden.

Im »Führerbefehl« vom 18. März 1945 ordnete er die Flucht der gesamten Bevölkerung an, auch der an der westlichen Kampflinie, obwohl weder Transportmöglichkeiten noch Verpflegung für Hunderttausende von Flüchtlingen zur Verfügung standen.[64] Seit dem mißlungenen Winterfeldzug im Osten 1941/42 wußte er, daß an einen »Endsieg« nicht zu denken war, nun führte er Krieg gegen die eigene Bevölkerung. Der einen Tag darauf erlassene »**Nerobefehl**« zielte darauf, dem deutschen Volk die Möglichkeiten zum Weiterleben zu nehmen. Die entscheidende Passage lautet: »*Alle militärischen Verkehrs-, Nachrichten-, Industrie- und Versorgungsanlagen sowie Sachwerte innerhalb des Reichsgebietes, die sich der Feind für die Fortsetzung seines Kampfes irgendwie sofort oder in absehbarer Zeit nutzbar machen kann, sind zu zerstören.*«

Dagegen erhob sich auch im inneren Führungskreis des Regimes Protest. Speer fand in dieser Stunde den Mut zum Widerspruch. Er schreibt dazu in seinen »Erinnerungen«: »*Die Folgen wären unvorstellbar gewesen. Auf unabsehbare Zeit kein Strom, kein Gas, kein sauberes Wasser, keine Kohle, kein Verkehr. Alle Bahnanlagen, Kanäle, Schleusen, Docks, Schiffe, Lokomotiven zerstört. Selbst wo die Industrie nicht zerstört worden wäre, hätte sie aus Mangel an Strom, Gas und Wasser nicht produzieren können; keine Vorratshäuser, kein Telefonverkehr – kurz ein ins Mittelalter zurückversetztes Land!*« Hitler aber nahm nichts zurück und entgegnete kalt: »*Wenn der Krieg verloren geht, wird auch das Volk verloren sein. Es ist nicht notwendig, auf die Grundlagen, die das deutsche Volk zu seinem primitivsten Weiterleben braucht, Rücksicht zu nehmen. Im Gegenteil ist es besser, selbst diese Dinge zu zerstören. Denn das Volk hat sich als das schwächere erwiesen, und dem stärkeren Ostvolk gehört ausschließlich die Zukunft. Was nach diesem Kampf übrigbleibt, sind ohnehin nur die Minderwertigen, denn die Guten sind gefallen.*«

Viele Funktionäre der NSDAP, Mitarbeiter der örtlichen Behörden, Leiter der Industriebetriebe und beherzte Bürger führten diese Befehle nicht oder nur noch zum Schein aus. Auch Speer tat alles, um sie zu sabotieren. Aber es gab Fanatiker unter den SS-Offizieren und Gefolgsleuten des Regimes, die in den letzten Kriegswochen mit den Truppen und Luftstreitkräften des Kriegsgegners bei der Zerstörung Deutschlands wetteiferten. Das schnelle und nicht mehr durch ernsthaften Widerstand behinderte Vorrücken der Alliierten war am Ende ausschlaggebend dafür, daß Kraftwerke, Verkehrs- und Nachrichtenverbindungen, Industrieanlagen, Lebensmittellager, Gas- und Wasserversorgung usw. noch funktionierten, sofern sie nicht durch die Kämpfe am Boden oder Angriffe aus der Luft in Mitleidenschaft gezogen wurden.

Deutschland durch Flächenbombardements zur Kapitulation zu zwingen war lange Zeit das erklärte Kriegsziel der britischen Luftkriegsstrategen gewesen. Solche Überlegungen waren 1940/41 gereift, als Großbritannien weder die Kraft noch die Absicht hatte, das damals übermächtige Deutschland mit einem Bodenkrieg, dem ja eine Landung an der französischen Küste vorausgehen mußte, zu besiegen. Also setzten die Kriegsplaner auf die Luftstreitkräfte und die Marine Großbritanniens. Letztere hatte mit dem Schutz der Frachtschiffe und der Abwehr deutscher Unterseeboote vollauf zu tun. In den Debatten über die wirkungsvollsten Einsatzstrategien und den Aufbau der RAF räumten die Stabschefs der Produktion schwerer Bomber Priorität ein. Da die Methoden und Geräte für die Navigation und Zielerkennung nicht genügend ausgereift waren und es an erfahrenen

Besatzungen fehlte, schienen nächtliche Angriffe, bei denen die Bomben über große Flächen abgeworfen wurden, die einzige Alternative.

Die Stabschefs hoben auch stets die rüstungs-, verkehrs- und allgemeinstrategische Bedeutung der bombardierten Städte hervor. In den Direktiven hieß es: *»Wir müssen zunächst die Grundlagen zerstören, auf denen die (deutsche) Kriegswirtschaft beruht: die Wirtschaft, die sie füttert, die Moral, die sie aufrechterhält, der Nachschub, der sie nährt, und die Hoffnungen auf den Sieg, die sie inspirieren.«* Der Chef des Bomber Command, Harris, bekannte jedoch in seinen Memoiren: *»Es muß mit Nachdruck gesagt werden, daß, von Essen abgesehen, wir niemals ein besonderes Industriewerk als Ziel gewählt haben. Die Zerstörung von Industrieanlagen erschien uns immer wie eine Art Sonderprämie. Unser eigentliches Ziel war immer die Innenstadt[…]«*

Die deutsche Führung hatte diese Strategien selbst vorher entwickelt und umgesetzt. Die britische Seite konnte sich darauf berufen – und sie tat das auch sehr vordergründig –, daß ihr nichts weiter übrigblieb, als Gleiches mit Gleichem zu vergelten.[65]

Harris ließ sich nicht abbringen von der These, mit Flächenbombardements gegen Städte – unabhängig von deren rüstungswirtschaftlicher Bedeutung – sei ein unmittelbarer Sieg durch die Luftmacht herbeizuführen. Im August 1943 wagte er in einem Brief an Portal die Prognose, *»bei durchschnittlichem Wetter und bei Konzentration auf die Hauptaufgabe können wir Deutschland durch Bombardierungen aus dem Krieg werfen«*.[66]

Speziell General Spaatz und Generäle der USAAF

kritisierten die Strategie des Bomber Command scharf, vertraten allerdings zeitweise selbst kontroverse Vorstellungen über die Haupteinsatzziele. Luftmarschall Arthur Tedder hatte in einem Memorandum vom 25. Oktober 1944 zu Recht kritisiert, »*daß die alliierte Luftstrategie mit ihrer Vielfalt von Zielen, wie Städten, Treibstoffwerken, Depots, Kanälen und Fabriken, kein zusammenhängendes System habe*«. Er betrachtete das Verkehrswesen als »*gemeinsamen Nenner der deutschen Kriegsanstrengungen*«: »*Die Industrie und die Zivilbevölkerung sind, auch wenn sie sich unter die Erde verkriechen, ohne Verkehrsverbindungen hilflos. Die Regierungsmacht ist ebenfalls auf gute Eisenbahnverbindungen und Straßen angewiesen […], und die Abhängigkeit der Wehrmacht von ihnen bedarf keines Kommentars.*«[67] Tedders These, »*die Durchführung einer konzentrierten Unternehmung gegen das Verkehrssystem Deutschlands*«, wie er es vorgezeichnet habe, würde schnell chaotische Zustände schaffen, die nicht nur die Schlacht am Westwall, sondern auch die gesamten deutschen Kriegsanstrengungen entscheidend berührten, war begründet. Die Deutsche Reichsbahn wickelte etwa 80 % der gesamten Transporte während des Krieges ab. Obwohl sie damals das beste und leistungsfähigste Eisenbahnsystem der Welt mit viermal soviel Streckenkilometern wie in den USA und einer großen Anzal von Zügen besaß, konnte sie den Bedarf nicht decken. Das Kompetenzwirrwarr und Streit zwischen den Ausschüssen, die jeweils nur die Interessen ihrer speziellen Klientel verfochten, hatten die Verantwortlichen der Reichsbahn schon im Frühjahr 1942 veranlaßt, Alarm zu schlagen. Die Transportprobleme multiplizierten sich, als Bahnhöfe, Gleise und Brücken 1942/43 durch Luftangriffe in Mitleidenschaft gezogen wurden.

Harris beharrte auf seinem Standpunkt. Unterstützung erhielt er dabei von Stabschefs, die auf verschiedenen Ebenen Einsätze gegen das deutsche Reich planten. Sie wußten sehr wohl, daß die Wehrmacht wegen des Treibstoffmangels nur auf die Schienentransporte wirklich rechnen konnte, lehnten Tedders Vorschlag aber ab, weil sie ermittelt hatten, wie wenig Transportvolumen Deutschland benötigte, um an den Fronten militärischen Widerstand zu leisten, und favorisierten eine »Öloffensive«. Als im Oktober 1944 im Air Staff eine Begrenzung der Flächenbombardements erwogen wurde, widersprach Harris ebenfalls: Man habe schon 45 von 60 bedeutenden Städten in Deutschland zerstört, und nun solle der Rest folgen. Auch gegen Pläne seines Vorgesetzten Charles Portal, Objekte der deutschen Treibstoffindustrie konzentriert zu bombardieren, sperrte er sich Ende 1944.

Namhafte Vertreter der britischen Öffentlichkeit übten harsche Kritik an der eingefahrenen Strategie der Flächenbombardements. Der Bischof von Chichester, George Bell, war 1942 während eines Aufenthalts in Schweden von deutschen Emigranten über die schrecklichen Auswirkungen der bewußt gegen die Zivilbevölkerung geführten Angriffe informiert worden und brachte die britische Regierung nach seiner Rückkehr in unangenehme Situationen.[68] Nachdem alle Protestbriefe ignoriert worden und die Versuche, Protestversammlungen zu organisieren, gescheitert waren, hielt er am 9. Februar 1944 als Mitglied des Oberhau-

ses eine viel beachtete Rede, in der er die Verhältnismäßigkeit der angewandten Mittel in Frage stellte:

*»Ich vergesse nicht die Luftwaffe und ihre verhee-
renden Bombardements auf Belgrad, Warschau, Rotterdam, London, Portsmouth, Coventry, Canterbury
und viele andere Orte von militärischer, industrieller
und kultureller Bedeutung. Hitler ist ein Barbar. Es
gibt sicherlich keine ernst zu nehmende Persönlichkeit
auf alliierter Seite, die uns nahelegt, daß wir uns ihm
gleichen oder auf diesem Sektor mit ihm konkurrieren
wollen. Es steht außer jedem Zweifel, daß groß angelegte Städtebombardements von den Nazis begonnen
wurden[...]*

*Ich erkenne auch die Legitimität konzentrierter An-
griffe auf industrielle und militärische Ziele, auf Flugplätze und Luftbasen, besonders im Hinblick auf die
kommende zweite Front, an. Ich nehme auch völlig
zur Kenntnis, daß bei Angriffen auf Zentren der Kriegsindustrie und des Verkehrs Zivilpersonen getötet werden, was als Resultat militärischer Aktionen unvermeidlich ist. Aber es muß ein faires Gleichgewicht
zwischen den angewendeten Mitteln und dem ange-
strebten Zweck bestehen. Eine ganze Stadt zu vernichten, weil diese in einem bestimmten Teil militärische und industrielle Einrichtungen birgt, zerstört
dieses Gleichgewicht[...]«*

Die Wirkung seiner Äußerungen wurde eingeschränkt, da seit Ende Januar 1944 – erstmals nach
1941 – Bomber der deutschen Luftwaffe auf direkten
Befehl von Hitler wieder Angriffe auf London und
Südengland flogen. Im Frühjahr 1944 veröffentlichten
auch 27 amerikanische Bischöfe und Geistliche einen
Aufruf gegen den uneingeschränkten Bombenkrieg.

Dennoch nahmen die Angriffe und die Dauer des Alarmzustandes nach 1943 zu. Bis zum 1. Juli 1944 fielen 28 % der während des gesamten Krieges in Europa abgeworfenen Bomben, vom 1. Juli 1944 bis zum 5. Mai 1945 72 %; also fast das Dreifache in den letzten 10 Kriegsmonaten! In Sachsen wurden 80 % aller Kriegsschäden erst 1945 angerichtet. Bis in die letzten Tage vor der Kapitulation wurden Städte dem Erdboden gleichgemacht; es schien, als würden die Einsätze von der Angst diktiert, einen vorgegebenen Termin nicht mehr einhalten zu können.

Die Zerstörung Dresdens und die Augenzeugenberichte alliierter Soldaten, Berichterstatter und Journalisten aus anderen zerbombten deutschen Städten ließen die Kritik an den Flächenbombardierungen wieder lauter werden. Am 6. März 1945 griff der Labourabgeordnete Richard Stokes Luftfahrtminister Sinclair im Unterhaus hart an:

»Ich kenne die moralischen Beweggründe nicht, die dieser russischen Politik zugrunde liegen, aber ich kann sehr deutlich die Vorteile für sie erkennen, die sie in die Lage versetzen zu sagen, daß es die morbiden westlichen kapitalistischen Staaten waren, die derartige schmutzige Tricks angewendet haben, während sie ihre Bombenaktivitäten, wie ich sagen würde, auf ausschließlich taktische Zwecke begrenzt haben. Die Frage lautet: Ist in dieser Phase des Krieges das uneingeschränkte Bombardement gegen große Bevölkerungszentren, die voller Flüchtlinge sind, weise? Wir haben die schrecklichen, grauenvollen Geschichten gelesen über das, was sich in Dresden zugetragen hat.«

Churchill begann sich von der Bomberstrategie zu

distanzieren und erregte damit großen Unwillen seiner Bombergeneräle, die sich darauf berufen konnten, daß kein anderer diese Form der Luftangriffe vehementer gefordert hatte als der Premierminister persönlich.

»Mir scheint, daß der Zeitpunkt gekommen ist, daß man die Frage des sogenannten Flächenbombardements im Hinblick auf unsere eigenen Interessen überprüfen sollte«, erklärte Churchill am 1. April. *»Wenn ein gänzlich ruiniertes Land unter unsere Kontrolle gelangt, wird es dort einen großen Mangel an Unterbringungsmöglichkeiten für uns und unsere Alliierten geben; und wir werden nicht in der Lage sein, Baumaterial für unseren eigenen Bedarf in Deutschland bekommen zu können, weil eine zeitweilige Versorgung für die Deutschen selbst gewährleistet werden müsste. Wir müssen darauf achten, daß unsere Angriffe auf lange Sicht uns selbst nicht mehr schaden, als den unmittelbaren Kriegsanstrengungen des Feindes[…]«*

In seiner Erwiderung vom 4. April 1945 erinnerte Charles Portal an die Direktiven von Casablanca und Quebec und wies darauf hin, daß erst die Entwicklung der »Nachtbombardierungstechnik« in den letzten Monaten die Voraussetzung für *»erfolgreiche Nachtangriffe gegen spezielle Industriewerke oder andere relativ kleine Ziele«* geschaffen habe. *»Bei Tag erfordert die erfolgreiche Bombardierung dieser Ziele einen klaren Himmel über dem Objekt; Bedingungen die nur bei seltenen Gelegenheiten im Jahr vorzufinden sind.«* Flächenangriffe seien nach wie vor gerechtfertigt, *»wenn sie den Vorstoß der alliierten Armeen nach Deutschland unterstützen oder den Krieg verkürzen. Jede unbeabsichtigte weitere Zerstörung der deut-*

schen Städte, die wahrscheinlich in der verbleibenden Zeit auftreten wird, bleibt vermutlich im Vergleich zum bereits Erreichten geringfügig[...]«[69]

Mit der letzten Bemerkung traf er ins Schwarze. Die nach dem 4. April durch Bombardements entstandenen Schäden waren im Einzelfall zwar erheblich, z. B. in Potsdam, Halberstadt, Plauen, Ingolstadt, Oranienburg und Pilsen, aber im Vergleich zum schon Zerstörten »geringfügig«, so makaber das auch klingt.

Die Frage, warum angesichts der unmittelbaren Nähe der Front Städte wie Nordhausen (3./4. April 1945), Halberstadt (8. April), Plauen (10. April) und Zerbst (16. April) noch mit der Strategie der Flächenbombardements von 1942 in Schutt und Asche gelegt und ihre zivilen Einwohner getötet wurden, muß erlaubt sein.

Am 19. April erkundigte sich Churchill beim Chef der britischen Luftstreitkräfte nach den Gründen für die Einäscherung von Potsdam am 14. April. Portal berief sich in seiner Antwort vom 20. April auf »Thunderclap«-Pläne aus dem Sommer 1944 und verwies darauf, daß Potsdam Sitz des Oberkommandos der deutschen Luftwaffe, Verkehrsknotenpunkt zwischen Ost und West und vermutlich Fluchtort zentraler in Berlin angesiedelter Behörden sei. Der Angriff habe die Auflösung des gegnerischen Widerstandes beschleunigen sollen.

Auch der amerikanische Partner stellte den militärischen Nutzen weiterer Bombardements in Frage und forderte, keine Angriffe mehr gegen Nürnberg, Bremerhaven und einige andere Ziele zu fliegen, weil diesen Städten Aufgaben für die Belange der vorgesehenen Besatzung zugeordnet würden. Mit dem Ende des Krieges in Europa fand auch die Strategie der Städtebombardierung ihr Ende.

Das Bestreben der ersten Kriegsjahre, allein durch Luftangriffe die Kapitulation Deutschlands zu erzwingen, hatte sich ebenso als Illusion erwiesen wie die Vorstellung, das Volk durch Luftangriffe so stark zu terrorisieren, daß es sich gegen das Regime erheben werde. Selbst mit der – nicht voll realisierten – Aktion »Donnerschlag« konnte dieses Ziel nicht herbeigebombt werden. Zunächst waren wie in Großbritannien nach den deutschen Luftangriffen 1940/41 Opferbereitschaft, Widerstandswillen und Kampfbereitschaft der Zivilbevölkerung gewachsen. 1943/44, als immer mehr Deutsche die Rückwirkungen des Krieges zu spüren bekamen und die Überlegenheit des Gegners deutlich zutage trat, breiteten sich Resignation, Fatalismus und Apathie aus. Dieser Stimmungsumschlag hatte komplexe Ursachen und Wirkungen. Hier soll nur auf einen Aspekt noch einmal hingewiesen werden, der wesentlich dazu beitrug, daß Angst, Sorge, Mißtrauen und Verzweiflung nicht in Widerstandsaktionen gegen den NS-Staat und den Krieg mündeten, sondern beide indirekt stützten: Die Gewöhnung an Gewalt und Tod hatte zu einer engen Begrenzung der Bedürfnisse, Wünsche und Hoffnungen auf die eigene Person und die nächsten Angehörigen geführt. Das Gefühl, gegen das, was am Himmel ausgelöst wurde, nichts, aber auch gar nichts, tun zu können, schränkte die Handlunsspielräume weiter ein. Nur der Versuch, mit eigenen, sehr begrenzten Möglichkeiten auszuweichen, um das eigene Leben und das der nächsten Angehörigen zu retten, schien noch möglich.

Die Angriffe auf die Zivilbevölkerung der Städte haben Deutschlands Möglichkeiten, den Krieg weiterzuführen, stark reduziert, aber sie hatten keine kriegsentscheidende Wirkung. Werner Wolf hat in seinem Buch »Luftangriffe auf die deutsche Industrie 1942–1945« die Anteile der Schäden auf die Rüstungsindustrie und die Zivilbevölkerung (bezogen auf Städte über 100 000 Einwohner) ausgewertet. Er kommt zu dem Schluß, daß die Industrie relativ wenig in Mitleidenschaft gezogen wurde. Einige Beispiele sollen dies belegen:

- Bochum: Zerstörung von Wohnraum ca. 51 %; dagegen ist keines der größeren Werke völlig oder weitgehend zerstört worden.
- Braunschweig: Am 15. Oktober 1944 verloren 80 000 Einwohner ihre Wohnung; die Schwerindustrie der Stadt blieb im wesentlichen verschont.
- Darmstadt: Der Großangriff im September 1944 traf fast nur die Wohngebiete; die Industriegebiete wurden nur sehr wenig in Mitleidenschaft gezogen.
- Düsseldorf: In 243 Luftangriffen wurde über die Hälfte des Wohnraums zerstört; die Rheinmetall-Borsig-Werke mit 20 000 Arbeitskräften und die Schiess-Defries-Werke blieben bis zum Kriegsende leistungsfähig.
- Emden: Durch den Großangriff am 6. September 1944 wurde die Stadt zu 78 % zerstört; die Hafenanlagen und die Großwerft Rheinstahl- Nordsee-Werke wurden nur unerheblich beschädigt.
- Hamburg: Die Produktionskraft der Howaldtswerke und der Deutschen Werft AG sind nur wenig beeinträchtigt worden.

- Köln: Die Industrie rund um Köln ist nur wenig in Mitleidenschaft gezogen worden.

Nach Meinung von Werner Wolf überschätzten britische Experten die Auswirkungen der Luftangriffe auf die Kriegswirtschaft im allgemeinen beträchtlich, weil sie zuwenig berücksichtigten, daß Deutschland die besetzten Länder im Verlauf der militärischen Rückschläge wirtschaftlich immer stärker ausbeutete und daß die Konsumgüterindustrie, die die größten Produktionsverluste hinnehmen mußte, genügend Reserven hatte. Des weiteren hätten die Briten nicht erkannt, wie viele Rüstungsbetriebe aus den Großstädten verlagert worden seien, den Standort von Fabriken und deren Zerstörungsgrad oft falsch interpretiert und eine notwendige Änderung der Strategie unterlassen.

Erst die viel zu spät begonnenen Angriffe auf die Zentren der deutschen Treibstoffindustrie, Verkehrsknotenpunkte, die nicht ohne weiteres verlagerbaren Zentren und Ableger der Rüstungsindustrie haben Voraussetzungen dafür geschaffen, daß sich die deutsche Kriegsmaschine nicht mehr regenerieren konnte. Im Nürnberger Prozeß wurde Albert Speer u. a. die Frage gestellt, ob allein das strategische Bombardement die Niederlage Deutschlands hätte herbeiführen können. Speers Antwort: »*Ja; die Angriffe auf die chemische Industrie (einschl. der Treibstofferzeugung) hätten ausgereicht[…] Deutschland wehrlos zu machen. Weitere Ziele wären Kraftwerke und Kugellagerfabriken gewesen […]*«

Die Angriffe der 8. und der 15. USAAF innerhalb der Operation »**Clarion**« (Kriegstrompete) am 22. und 23. Februar 1945 gegen die deutschen Verkehrsverbindungen hatten einen durchschlagenden Erfolg.

Auch Eisenhower schätzte sie als wesentlichen Beitrag zur Destruktion der deutschen Kampfkraft ein. Mit dem Einsatz von fast 1800 Flugzeugen wurden 3400 Kilometer Bahngleise, annähernd 2400 Eisenbahnbrücken, 14 Tunnel, mehr als 10 000 Lokomotiven und viele Signal- und Stellwerke zerstört.[71] In Mitteldeutschland waren etwa 20 % aller stählernen Eisenbahnbrücken, 19 % aller Stellwerke und 66 % der Reichsbahnwerkstätten und Instandsetzungsbetriebe vernichtet worden. Im Westen Deutschlands hatte es alle 21 Rheinbrücken und 11 Weserbrücken, 23 von 35 Donaubrücken und alle Mainbrücken – bis auf eine – getroffen. Auch zu einem früheren Zeitpunkt hätte man den dadurch entstandenen Schaden nicht kompensieren können, die Instandsetzung, wenngleich nur behelfsmäßig und auf Kriegsniveau, hätte zu viele Kapazitäten gebunden und zuviel Zeit in Anspruch genommen.

Der Zusammenbruch des Verkehrswesens hatte weitreichende Folgen für die Industrie, da die Transportleistungen stark eingeschränkt werden mußten. Im Ruhrgebiet türmten sich die Kohlehalden, in den Stahl- und Walzwerken Eisenerze und in den Fabriken Halbfabrikate und Baugruppen.

Sicher hätten es die deutschen Militärs bei einem früheren konzentrierten Beginn der Angriffe auf Verkehrsanlagen auch nicht mehr geschafft, die Transporte für die Ardennenoffensive über die Rangierbahnhöfe in Köln, Bonn, Koblenz und Remagen mit der Remagener Brücke abzuwickeln. Durch diese vier Nadelöhre sind sämtliche Panzer, Artillerie und übrigen Fahrzeuge geschleust worden, um Benzin und Treibstoff zu sparen.

Hätten die alliierten Luftstreitkräfte ihre Aufklärungstätigkeit auf diese Verkehrsverbindungen gerichtet und nicht vorrangig auf die nächsten Ziele des »area bombing«, wären ihnen die Transporte wohl nicht entgangen. General Spaatz, Chef der Strategischen Luftflotten der US Army, beantwortete einige diesbezügliche Fragen ausweichend: Es sei schlechtes Wetter gewesen. Das ist aber nur die halbe Wahrheit. Die Auswertung der Aufklärungsfotos von jenen Tagen hätte stutzig machen müssen.

Die Ardennenoffensive führte bei den westlichen Alliierten zu einer Überschätzung des noch vorhandenen militärischen Potentials der Wehrmacht. Sie agierten wesentlich vorsichtiger und verstärkten die Luftangriffe auf deutsche Städte, deren Bevölkerung für dieses letzte vergebliche Aufbäumen der deutschen Wehrmacht bitter büßen mußte.

Entscheidend für den Kriegsverlauf war der Kampf um das Territorium, und dabei leisteten die alliierten Luftstreitkräfte, auch die Flugzeuge der Sowjetarmee, einen bedeutenden Beitrag. Der eingangs zitierte Historiker Liddel Hart kam nach dem Krieg zu dem Schluß: »*Angesichts der neuen Perfektion im gezielten Bombenabwurf und der Schwäche des Widerstandes ist es zweifelhaft, ob es – sowohl militärisch als auch moralisch gesehen – klug war, wenn das Bomber Command in diesem Zeitraum (Oktober bis Dezember 1944) 53 % seiner Bomben auf Stadtgebiete abwarf, dagegen nur 14 % auf Ölraffinerien und 15 % auf Verkehrsziele.*« Zwischen Januar und Mai 1945 waren es 36,6 %, 26,2 % und 15,4 %. Diese Zahlen beweisen, daß sich die Angriffsziele bis zum Ende des Krieges kaum änderten, obwohl namhafte Fachleute die Strategie des Bombenkrieges in Frage stellten.

Wie viele Menschenopfer der Luftkrieg forderte, läßt sich nicht exakt belegen. Vor allem aus dem letzten Kriegsjahr liegen oft nur Schätzungen der Behörden vor. Nicht immer ist klar, ob Angaben über durch Luftangriffe getötete Einwohner, ausländische Zwangsarbeiter und Kriegsgefangene sowie tote Flüchtlinge vermischt wurden oder nicht. Man geht heute von etwa 400 000 Toten infolge des Luftkrieges aus. In den letzten zwölf Wochen des Krieges starben allein ca. 120 000 Menschen durch die alliierten Luftangriffe.[72] Etwa 10 % von ihnen waren Kriegsgefangene, Zwangsarbeiter und ausländische Dienstverpflichtete. Der Anteil ist relativ hoch, weil ihnen der Zutritt zu öffentlichen Schutzräumen verwehrt wurde. In den Fabriken konnten sie oft nur im Splittergraben Zuflucht suchen. Während der Nacht waren sie meist in Baracken untergebracht, die keine Kellerräume hatten.

Heinz Boberach hat ermittelt, daß ein Fünftel aller Todesopfer Kinder waren und ca. 124 000 Kinder bei Luftangriffen Verwundungen erlitten haben. In Hamburg kamen 7000 Kinder um, 10 000 Kinder verloren ihre Eltern bzw. Mutter oder Vater. In Kassel waren 1881 Tote unter 16 Jahren zu beklagen.

Luftkriegstote gab es auch in Großbritannien (60 000, davon allein 30 000 in London). In Frankreich kamen durch Angriffe der RAF und der USAAF, vor allem während der Invasion und in den Kämpfen des zweiten Halbjahres 1944, ca. 60 000 Menschen ums Leben.[73]

Die alliierten Luftstreitkräfte erlitten ebenfalls hohe Verluste. Die RAF verlor 79 000 Besatzungsmitglieder und 22 000 Flugzeuge, die über Europa eingesetzten Bomberflotten der US-Air Force büßten 79 000 Besatzungsmitglieder und Bodenpersonal ein. Den Amerikanern gingen 18 000 Flugzeuge verloren.

Eine Frage ist meines Erachtens in der Literatur bisher nicht ausreichend beantwortet worden: Ob es den alliierten Bomberverbänden nicht möglich gewesen wäre, die Gaskammern und Krematorien von Auschwitz und anderen Vernichtungslagern in Schutt und Asche zu legen. Sie besaßen Luftaufnahmen, die so scharf und deutlich waren, daß 1944 mit den ausgereiften Zielmethoden des Jahres 1944 solche Angriffe im besetzten Polen möglich gewesen wären. Ganz gewiß hätte das Morden damit kein Ende gefunden, aber wahrscheinlich wären viele todgeweihte Menschen am Leben geblieben. Diese Einsätze hätten sicher Zeichen gesetzt.

Die alliierten Flächenbombardements erreichten ihren Höhepunkt, als der Zweite Weltkrieg längst entschieden war. Die Angriffe waren aus militärischen und humanitären Gründen verfehlt, sie verstießen spätestens ab Herbst 1944 auch in erheblichem Umfang gegen das Völkerrecht. Die Verfechter des Flächenbombardements haben die angebliche Richtigkeit ihrer Taktik noch lange vehement verteidigt. Experten stimmen jedoch heute darin überein, daß die deutsche Front so lange standhalten konnte, weil die Städte die Hauptwucht der gegnerischen Angriffe abfingen. Wenn man bedenkt, daß in Großbritannien fast 50 % der Rüstungsindustrie nur für das Bomber Command arbeiteten und welche Mengen Bomben abgeworfen wurden, kann man sich vorstellen, wie groß die Wirkung dieser Waffen hätte sein können, wenn sie vor allem auf militärische und rüstungswirtschaftlich bedeutsame Ziele gerichtet gewesen wären.

Durch Flugzeuge der RAF und der USAAF abgeworfene Bombenmengen (in Tonnen):

1940:   10 000
1941:   30 000
1942:   40 000
1943: 120 000
1944: 650 000
1945: 500 000 (in vier Monaten!)[74]

Luftmarschall Harris, der bis zum letzten Tag des Krieges die Befehlsgewalt über das Bomber Command hatte, schied im Herbst 1945 mit 53 Jahren verbittert aus dem aktiven Dienst. Nach dem Sieg ignorierten ihn das britische Königshaus und die Regierung, er erhielt weder Orden noch andere übliche Ehrungen. Erst 1953 wurde er in den erblichen Adelsstand eines Barons gehoben. Er wurde 91 Jahre alt. 1992 wurde eine überlebensgroße Bronze-Statue von ihm in London aufgestellt.

Die Verantwortung für die Strategie des unterschiedslosen Flächenbombardements darf man nicht nur Harris anlasten. Es gibt genügend Dokumente, die beweisen, daß »Butcher« (Schlächter, so nannten ihn Mitarbeiter) 1942 bis 1944 ständig aufgefordert wurde, die Angriffe zu intensivieren und auf bestimmte Städte zu konzentrieren. Er stand während des Krieges stets mit Churchill in Kontakt und hat auch durch andere Politiker Unterstützung und Ermutigung erfahren.

Der in Casablanca von den Alliierten gefaßte Beschluß, den Kampf bis zur bedingungslosen Kapitulation Deutschlands fortzusetzen und keinen anderen Friedensschluß zuzulassen, schien logisch, darf aber in seiner Wirkung auf die deutsche Bevölkerung nicht unterschätzt werden, zumal ihn die Nazi-Propaganda sofort aufgriff. Ob eine weniger starre Haltung als die in Casablanca offizielle Doktrin gewordene die Deutschen zu einem in Aktionen mündenden Widerstand ermutigt hätte, ist fraglich, aber wie sich bald zeigte, hat jene Erklärung zusammen mit anderen Faktoren ihren Durchhaltewillen nicht geschwächt, sondern noch einmal gestärkt!

Man sollte auch nicht vergessen, daß die Gegner den alliierten Streitkräften wenig Anlaß gegeben haben, ihre Haltung und Strategie zu ändern.[75] Spätestens im Herbst und Winter 1944, als die Sowjetarmee an der Grenze zu Ostpreußen stand, als die Westalliierten sich auf Rhein und Mosel zubewegten, hätte der deutschen Generalität an einem schnellen Kriegsende gelegen gewesen sein müssen, da sie das Aussichtslose des eigenen Tuns am besten einschätzen konnte. Sogar Ludendorff hatte im Herbst 1918 erkannt, daß ein schnelles Ende die einzige Möglichkeit war, weiteres sinnloses Blutvergießen zu vermeiden.

Nicht so die Elite der Wehrmachtführung. Nach dem mißlungenen Anschlag auf Hitler am 20. Juli 1944 brachte keiner der ordensgeschmückten Helden den Mut, die Zivilcourage und die Intelligenz dazu auf. Lieber nahmen sie die steil ansteigenden Opferzahlen bei Frauen und Kindern, bei Soldaten und zum Kriegsdienst verpflichteten Jugendlichen, die Millionen Flüchtlinge, die Zerstörung deutscher Städte und Gemeinden in Kauf. Wieviel Leid wäre der Bevölkerung Deutschlands und Europas erspart geblieben, wenn jene, die Macht und Einfluß besaßen, den Krieg früher beendet hätten. Deshalb verdienen Truppenführer wie Rundstedt, Manstein, Jodl, Model, Schörner, Manteuffel, Kesselring, Dönitz keine Anerkennung, ja nicht einmal Achtung für ihre Haltung.

Mit dem Abwurf der ersten Atombomben auf die japanischen Städte Hiroshima am 6. August 1945 und auf Nagasaki am 9. August begann eine neue Ära. Über der 300 000-Einwohner-Stadt Hiroshima breiteten sich Sturm und Höllenfeuer mit einer Geschwindigkeit von 1200 Kilometer pro Stunde aus: 70 000 Einwohner starben sofort, bis 1950 stieg die Opferzahl auf 200 000 an. In Nagasaki starben durch die Explosion und Strahlenschäden bis 1950 fast 140 000 Menschen.

Weder die damalige Strategie des Flächenbombardements noch der Einsatz von Atomwaffen haben sich wiederholt. Der Atomkrieg wurde zur größten Bedrohung, der sich die Menschheit je ausgesetzt sah, seine abschreckende Wirkung führte zum Abschluß des Atomwaffensperrvertrags und in zahlreichen Ländern zum Verbot der Erforschung und Entwicklung neuer taktischer Nuklearwaffen. Jüngste Meldungen über Pläne der US-Regierung, neue Mini-Nukes zu entwickeln, deren Sprengkraft etwa einem Drittel der Hiroshima-Bombe entspricht, beunruhigen die internationalen Gremien.

Luftangriffe, das haben die Kriege in Nordkorea, in Vietnam, im Nahen Osten, am Golf, im Kosovo, in Afghanistan und im Irak gezeigt, waren und sind die hauptsächliche Form von militärischen Auseinandersetzungen. Zu groß ist für Kriegsparteien die Verlockung, mit geringen Gefahren für die eigene Truppe dem Gegner schwere und schwerste Schäden zuzufügen. Die Wirkung der Angriffe hat sich seit dem Zweiten Weltkrieg vervielfacht, satelitten- und lasergesteuerte Präzisionsbomben bieten die Möglichkeit, Treffer zielgenau zu plazieren. Immer wieder aber ist deutlich geworden, daß eine militärische Entscheidung allein durch Luftangriffe nicht zu erreichen ist. Gewonnen wird eine militärische Auseinandersetzung noch immer am Boden.

Zivilisten und zivile Gebäude wird es bei Luftangriffen immer wieder treffen – die Angreifer kalkulieren dies nüchtern und ganz bewußt ein und hoffen hintergründig auf die psychologische Wirkung und die Furcht der Zivilbevölkerung – wie 1942–1945. Die Menschenverluste werden blasphemisch als »Collateral Damage« (Begleitschaden) umschrieben.

Die Sensibilität der Bevölkerung gegenüber den Bedrohungen durch diese Luftkriegsstrategie ist in vielen Ländern der Welt, aus gutem Grund besonders aber in Deutschland, gewachsen. Den Älteren, die den Luftkrieg noch miterlebten, ist er als ein elementares Ereignis tief im Bewußtsein haften geblieben. Ihre Erzählungen, Bilder, Hinweise auf Opfer unter den Bekannten und Freunden, aber auch die öffentliche Auseinandersetzung hat bei den Jüngeren, bei Kindern und Enkeln, Angst und Abscheu vor dieser Kriegführung geweckt. So bleibt zumindest die Hoffnung, daß bei einer möglichen kriegerischen Auseinandersetzung die Zivilbevölkerung nicht mehr, wie im Zweiten Weltkrieg, das Hauptziel sein wird!

Literaturverzeichnis

Aders, Gebhard: Geschichte der deutschen Nachtjagd 1917–1945. Stuttgart 1978

Asendorf, Manfred: Als Hamburg in Schutt und Asche fiel, und wie der NS-Staat die Krise bewältigte. In: Ebbinghaus, Angelika; Kaupen-Haas, Heidrun; Roth, Karl Heinz (Hg.): Heilen und Vernichten im Mustergau Hamburg. Hamburg 1984, S. 188–197

Beer, Wilfried: Kriegsalltag an der Heimatfront. Alliierter Luftkrieg und deutsche Gegenmaßnahmen zur Abwehr und Schadensbegrenzung, dargestellt für den Raum Münster. Bremen 1990

Bergander, Götz: Dresden im Luftkrieg. Köln 1995

Birkenfeld, Wolfgang: Der synthetische Treibstoff 1933–1945: ein Beitrag zur nationalsozialistischen Wirtschafts- und Rüstungspolitik. Göttingen [u. a.] 1964

Bleuel, Hans-Peter: »Das saubere Reich«. München 1972

Boberach, Heinz: Jugend unter Hitler. Düsseldorf 1982

Boberach, Heinz (Hg.): Meldungen aus dem Reich. Die geheimen Lageberichte des Sicherheitsdienstes der SS 1938–1945. Bde 1–14. München 1968

Boelck, Detlev: Kiel im Luftkrieg. 1939–1945. Tagebuch des Alarmpostens Detlef Boelck. Kiel 1982

Boog, Horst: Bombenkrieg, Völkerrecht und Menschlichkeit im Luftkrieg. München 1999

Boog, Horst: Die deutsche Luftwaffenführung 1935–1945: Führungsprobleme, Spitzengliederung, Generalstabsausbildung. Stuttgart 1988

Borsdorf, Ulrich; Jamin, Mathilde (Hg.): ÜberLeben im Krieg. Kriegserfahrungen in einer Industrieregion 1939–1945. Hamburg 1989

Brunswig, Hans: Feuersturm über Hamburg. Stuttgart 1978

Churchill, Winston: Der Zweite Weltkrieg. Bd. 5/2. Stuttgart 1953

Craven, Wesley F.; Cate, James Lea (Hg.): The Army Air Forces in World War II. Bde. 1–7. Chicago 1965

Demps, Laurenz: Die Luftangriffe auf Berlin. Jahrbuch des Märkischen Museums. Berlin 1982

Dettmar, Werner: Die Zerstörung Kassels im Oktober 1943. Eine Dokumentation. Fuldabrück 1983

Essen unter Bomben. Märztage 1943. Hrsg. von der Alten Synagoge Essen. Essen 1984

Euler, Helmuth: Als Deutschlands Dämme brachen. Stuttgart 1975

Fest, Joachim: Speer: eine Biographie. Berlin 1999

Gibson, Guy: Enemy Coast Ahead. London 1946

Girbig, Werner: Im Anflug auf die Reichshauptstadt: die Dokumentation der Bombenangriffe auf Berlin, stellvertretend für alle deutschen Städte. Stuttgart 1971

Girbig, Werner: Mit Kurs auf Leuna: die Luftoffensive gegen die Treibstoffindustrie und der deutsche Abwehreinsatz 1944–1945. Stuttgart 1980

Groehler, Olaf: Berlin im Bombervisier. Berlin 1982

Groehler, Olaf: Bombenkrieg gegen Deutschland. Berlin 1990

Groehler, Olaf: Geschichte des Luftkrieges. Berlin 1981

Groehler, Olaf: Rostock im Luftkrieg. Rostock 1988

Haffner, Sebastian: Anmerkungen zu Hitler. Frankfurt a. M. 1981

Hamerow, Theodore S.: Die Attentäter. Der 20. Juli – von der Kollaboration zum Widerstand. München 1999

Hampe, Erich: Der Zivile Luftschutz im Zweiten Weltkrieg. Frankfurt a. M. 1963

Harksen, Heinz: Luftangriff auf Dessau. Dessau 1969

Harrison, Gordon A.: Cross-Channel Attack. Washington 1955

Hartmann, Werner: Die Zerstörung Halberstadts am 8. April 1945. Halberstadt 1967

Hastings, Max: Bomber Command. London 1981

Herington, John: Air Power over Europe. 1944–1945. Canberra 1963

Hohn, Uta: Die Zerstörung deutscher Städte im Zweiten Weltkrieg. Dortmund 1991

Holmsten, Georg: Deutschland Juli 1944: Soldaten, Zivilisten, Widerstandskämpfer. Düsseldorf 1982

Horn, Birgit: Leipzig im Bombenhagel – Angriffsziel »Haddock«. Leipzig 1998

Inferno Nordhausen: Schicksalsjahr 1945; Chronik, Dokumente, Erlebnisberichte. Hrsg. vom Archiv der Stadt Nordhausen. Nordhausen 1995

Irving, David: Und Deutschlands Städte starben nicht. Zürich 1963

Jones, Reginald V.: Most secret war. London 1978

Klöss, Erhard: Der Luftkrieg über Deutschland. München 1963

Köln im Luftkrieg 1939–1945. Kölner Fliegeropferkartei. In: Statistische Mitteilungen der Stadt Köln 1/52

Koser-Oppermann, Ursula: Evakuiert, umquartiert, einquartiert. Wohnen in der zerstörten Stadt. In: Verletzungen. Lebensgeschichtliche Verarbeitung von Kriegserfahrungen. Hamburg 1994

Kraume, Hans Georg: Duisburg im Krieg 1939–1945. Düsseldorf 1982

Krause, Michael: Flucht vor dem Bombenkrieg: »Umquartierungen« im Zweiten Weltkrieg und die Wiedereingliederung der Evakuierten in Deutschland 1943–1963. Düsseldorf 1997

Kurowski, Franz: Der Luftkrieg über Deutschland. Düsseldorf/Wien 1977

Lang, Jochen von: Krieg der Bomber. Dokumentation einer deutschen Katastrophe. Berlin/Frankfurt a. M. 1983

Laser, Rudolf; Mensdorf, Joachim; Richter, Johannes: 1944/1945: Plauen – eine Stadt wird zerstört. Plauen 1995

Maier, Klaus A.: Guernica, 26. 04. 1937. Die Deutsche Intervention in Spanien und der »Fall Guernica«. Freiburg 1977

Martin, Hans-Leo: Unser Mann bei Goebbels. Neckargemünd 1973

Mehl, Lutz: Energie im Krieg. Die zivile Versorgung 1939–1945. Kaiserslautern 1977

Messerschmidt, Manfred: Krieg in der Trümmerlandschaft.

Pflichterfüllung wofür? In: Borsdorf, Ulrich; Jamin, Mathilde (Hg.): ÜberLeben im Krieg. Hamburg 1989

Middlebrook, Martin: Der Angriff auf Nürnberg und seine Folgen. Frankfurt a. M. 1976

Mihan, Hans-Werner: Die Nacht von Potsdam. Potsdam 1997

Musgrave, Gordon: Operation Gomorrha. London 1981

Paul, Wolfgang: Der Heimatkrieg 1939–1945. München 1999

Piekalkiewicz, Janusz: Luftkrieg 1939–1945. Augsburg 1998

Puhle, Matthias (Hg.): »Dann färbte sich der Himmel blutrot«. Die Zerstörung Magdeburgs am 16. Januar 1945. Magdeburg 1995

Revie, Alastair: »War ein verlorener Haufen«. Die Geschichte des Bomber Command der Royal Air Force 1939–1945. Stuttgart 1974

Richter, Gert (Hg.): Chemnitzer Erinnerungen 1945. Chemnitz 1995

Ruhl, Klaus Jörg: Unsere verlorenen Jahre. Bindlach 1985

Rumpf, Hans: Das war der Bombenkrieg. Deutsche Stadt im Feuersturm. Oldenburg 1961

Saunders, Hilary St. G.: Royal Air Force. 1939–1945. Bd. 3. London 1954

Schmidt, Klaus: Die Brandnacht. Dokumente von der Zerstörung Darmstadts am 11. Sept. 1944. Darmstadt 1964

Schnatz, Helmut: Der Luftkrieg im Raum Koblenz. Boppard 1981

Speer, Albert: Erinnerungen. Berlin 1969

Szepansky, Gerda: Blitzmädel, Heldenmutter, Kriegswitwe. Frauenleben im Zweiten Weltkrieg. Frankfurt a. M. 1986

Taylor, Eric: 1000 Bomber auf Köln – Operation Millenium 1942. Düsseldorf 1990

Überlebensberichte: der 22. Oktober 1943 in Protokollen der Vermißtensuchstelle des Oberbürgermeisters der Stadt Kassel. Hrsg. vom Magistrat der Stadt Kassel. Marburg 1993

Vogt, Hans; Brenne, Herbert: Krefeld im Luftkrieg. Bonn 1986

Webster, Charles; Frankland, Noble: The Strategic Air Offensive against Germany 1939–1945. Bde. 1–4. London 1961

Wolf, Werner: Luftangriffe auf die deutsche Industrie 1942–1945. München 1985

Wuermeling, Henric L.: August '39. 11 Tage zwischen Frieden und Krieg. 21. August – 1. September 1939. Berlin/Frankfurt a. M. 1989

Anmerkungen

1 Die Denkschrift von Robert Knauss geht von einem durch nichts eingeschränkten Angriffskrieg gegen die Zivilbevölkerung aus, in dem Spreng-, Brand- und auch Giftgasbomben zur Anwendung kommen. Ausführlich erläutert wird diese Denkschrift zur Luftkriegskonzeption durch Bernhard Heimann und Joachim Schunke in Militärgeschichte, Jg. 3, Heft 1, Berlin 1964.

2 Vgl. Maier.

3 Zum Befehl vom 10. September 1939 siehe Bundesarchiv/Militärarchiv Freiburg (im folgenden: BA/MA Freiburg) RL 2 II/51 und RL II/v. 3027; zu Hitlers Absichten, geäußert am 22. August 1939 gegenüber seinen Militärbefehlshabern, siehe Wuermeling.

4 Zu dem Angriff auf Rotterdam am 14. Mai 1940 siehe ausführlich Groehler (1981). Der Brief des deutschen Soldaten vom 15. Juni 1941 wurde zitiert nach Borsdorf/Jamin (S. 90). Zur Begründung der britischen Luftkriegsstrategie im Zweiten Weltkrieg siehe Zentrales Staatsarchiv Potsdam (im folgenden ZStA) Nr. 13516.

5 Zur Beschreibung des Angriffs auf Freiburg siehe Lang (S. 37) sowie Groehler (1981), S. 271.

6 Zu den Angriffen auf Berlin im August 1940 siehe Public Record Office, London (im folgenden PRO London), AIR 14/905 und 8/435 sowie Groehler (1982), S. 3–8. Die deutsche Luftwaffenführung gab am 31. August die taktischen Überlegungen zu Angriffen auf London heraus, die am 3. September in einer abschließenden Besprechung der Oberbefehlshaber in Den Haag konkretisiert wurden. Die deutsche Führung hatte nie verhehlt, daß die Zerstörung Londons die Krönung der Luftangriffe sein

sollte; die Hauptstadt des britischen Empire sollte aber erst bombardiert werden, wenn die Luftherrrschaft erobert sei. (Weisung des OKL vom 17. Januar 1940) Der Zeitpunkt schien gekommen; daß die Briten in diesen Tagen Berlin angriffen, war regelrecht erwünscht und die »maßlose Wut«, mit der Hitler am 4. September 1940 die Angriffe auf London ankündigte, propagandistisch gewollt. Hitler muß damals schon festgestellt haben, daß die deutsche Luftwaffe zu schwach war, um England grundsätzlich aus der Luft in die Knie zwingen zu können. Aber leiden sollte es dennoch!

Die deutsche Hauptstadt wurde vom 25. August bis zum Jahresende 1940 36 mal angegriffen, dabei kamen insgesamt 493 Flugzeuge der RAF zum Einsatz. Sie warfen 400 Tonnen Sprengbomben und ca. 27 500 Brandbomben ab. (PRO London, AIR 14/905). Die deutsche Luftwaffe warf die 34fache (!) Menge auf London ab und im zweiten Halbjahr 1940 und ersten Halbjahr 1941 ca. 55 000 Tonnen Bomben auf die britische Insel. 41 000 Menschen kamen dabei ums Leben. (Dettmar, S. 252)

Dieses Verhältnis änderte sich durch die Ausdehnung der Kriegshandlungen bereits 1941 nachhaltig.

Bomben auf England

1940	36 844 Tonnen
1941	21 858 "
1942	3260 "
1943	2300 "

Bomben auf Deutschland

1940	10 000 Tonnen
1941	30 000 "
1942	40 000 "
1943	120 000 "

(Quelle: Hohn)

7 Das Tischgespräch wird erwähnt in Albert Speers »Erinnerungen«. Die Äußerungen Hitlers sind während eines Abendessens gefallen, das im Sommer 1940 stattgefunden hat. Sie sind wohl auch ein Hinweis darauf, daß Hitler den Luftkrieg gegen die englische Zivilbevölkerung fest eingeplant hatte und sich nun um die bestmöglichen Er-

gebnisse sorgte. Nach dem Angriff vom 7. September 1940 auf London und der anschließenden Angriffswelle rechnete die deutsche Führung mit verstärkten Gegenangriffen auch auf Berlin und ließ dort die Luftabwehr erheblich verstärken.

8 Zum Angriff auf Coventry siehe Lang (S. 58 f.) sowie Groehler (1981), S. 283. Die Überlegungen Churchills vom 8. Juli 1940 sind in einem Brief an Lord Beaverbrook enthalten (Hastings, S. 137).

9 Anweisung von W. S. Douglas siehe Dettmar, S. 251.

10 Die Denkschrift mit den planerischen Überlegungen datiert vom 22. September 1941. (PRO London, AIR 20/3718). Die Reaktion Churchills ist in PRO London, AIR 8/258 aufgeführt, sein Einverständnis vom 7. Oktober in AIR 20/3718.

11 Angriff auf Lübeck siehe PRO London, AIR 14/696, siehe auch Groehler (1990), S. 36–47; zu Harris siehe Rumpf und auch Revie. Auswirkungen des Angriffs auf Lübeck siehe Lübecker Notzeiten in Zahlen. Lübeck 1949.

12 Angriffe auf Rostock siehe PRO London, AIR 41/42; 24/248 und 14/3087. Siehe auch Groehler (1990), S. 49–59 und Groehler (1988), S. 17–40. Zu den Schäden siehe Stadtarchiv Rostock 1933–1945.

13 Angriffe auf Köln siehe Taylor sowie PRO London, AIR 24/243 und 24/244; siehe auch Groehler (1990), S. 60–67 sowie »Köln im Luftkrieg«.

14 Angriffe auf Essen siehe PRO London, AIR 22/341; 24/311 und 14/636; siehe auch Groehler, (1990), S. 92 sowie Borsdorf/Jamin (S. 88–99) sowie »Essen unter Bomben«.

15 Denkschrift von Portal zum Konzept der RAF siehe PRO London, AIR 20/3719. Zur Zurückweisung der Denkschrift durch Churchill siehe Webster/Frankland, Bd. 1. Zu den ablehnenden Auffassungen der anderen Teilstreitkräfte siehe PRO London, AIR 8/1014, desgl. auch zu den Zielen der Konferenz von Casablanca. Zur Weisung vom 31. 12. 1942 siehe Webster/Frankland, Bd. 4.

16 Im Januar 1943 begannen die Angriffe der USAAF auf deutsches Gebiet. Die Ziele waren zunächst fast ausschließlich militärischer Natur: Einrichtungen der Rüstungsindustrie, Fertigungsstätten für Unterseeboote, Flugzeuge und die dazugehörige Zulieferindustrie. Weitere Schwerpunkte sah man in der Kugellagerherstellung, der Treibstofferzeugung und der Fabrikation von synthetischem Kautschuk. Ab Oktober 1943 wurde das Prinzip des Präzisionsbombardements auf derartige Ziele zunehmend zugunsten von Flächenangriffen auf kombinierte Ziele aufgegeben, d. h. bei der Planung von Angriffen auf Rüstungsbetriebe wurde von vornherein die Bombardierung ganzer Stadtteile einbezogen. Diese Taktik wurde im wesentlichen beibehalten, bis zu dem schweren Angriff am 3. Februar 1945 auf dichtbesiedelte Wohnviertel im Zentrum von Berlin. Fast alle Angriffe der USAAF nach diesem Zeitpunkt – mit Ausnahme der Angriffe der Operation Clarion auf deutsche Verkehrsanlagen – wiesen keine Unterschiede mehr zu den Flächenbombardements des Bomber Command auf.

17 Zum Beschluß von Casablanca siehe PRO London, AIR 8/1014.

18 Zu den Besatzungsverlusten siehe Webster/Frankland, Bd. 2 sowie PRO London, AIR 24/257 und Groehler (1990), S. 106.

19 Angriffe auf die Wasserversorgung des Ruhrgebietes siehe Lang, S. 103–106 sowie Gibson, Euler und Groehler (1990), S. 151–157 sowie PRO London, AIR 40/8400; 14/844 und 14/2088.

20 Zu den Angriffen auf Hamburg: siehe Lang (S. 125–127 und 139), Asendorf (S. 188–210), Koser-Oppermann (S. 175–187), Groehler (1990), S. 106–120 sowie Brunswig und Klöss. Zur Denkschrift an Churchill siehe PRO London, AIR 8/425. Zum Angriffsbefehl von Portal siehe Musgrave. Zu den Verlustzahlen siehe BA Koblenz R 24/31 und R19/34. Zum Einsatz von »Windows« siehe Jones. Beim siebten und letzten Angriff auf Hamburg, in der Nacht vom 2. zum 3. August 1943, warfen 300 Flugzeuge ihre Bomben auf das gesamte Stadtgebiet und in

größerem Umfang auch in die bereits zerstörten Stadtteile. Wegen schlechten Wetters mußten 440 Flugzeuge umkehren. Wie hätte wohl das Resultat ausgesehen, wenn auch diese ihre Bombenlast noch zum Abwurf gebracht hätten? Vgl. Asendorf.

21 Entsprechend der in Casablanca vereinbarten Combined Bomber Offensive nahm auch die USAAF an den Angriffen auf Hamburg teil und bombardierte am 25. und 26. Juli in zwei Tagesangriffen den Hafen und Industriebetriebe in Harburg und Wilhelmsburg.

22 Die Besprechung der Luftwaffengenerale bei Göring und die ablehnende Haltung Hitlers dazu hat Lang detailliert dargestellt. Goebbels als »Leiter des interministeriellen Luftkriegsschädenausschußes« sowie Innenminister Frick und weitere sechs Gauleiter hielten sich am 17. August 1943 in Hamburg auf.

23 Zu Schutzräumen in Kassel und Evakuierung siehe Zentrales Staatsarchiv Potsdam, RMfRuK Nr. 680. Zum Angriff auf Kassel siehe PRO London, AIR 23/260, AIR 14/1876. Siehe auch Dettmar sowie Groehler (1990), S. 140 bis 148. Zu den Verlusten an Personen und Gebäuden siehe ZStA Nr. 8650 sowie BA Koblenz R24/31 und R2/448.

24 Angriffe auf Leipzig: siehe BA Koblenz NS 6/415 und R18/922; ZStA Nr. 4842; PRO London, AIR 24/260 und AIR 24/262 A; Stadtarchiv PP Leipzig F; siehe auch Horn sowie Groehler (1990), S. 198–209.

25 Die Ziele der Angriffe sind aufgeführt in PRO London, AIR 2/4477, AIR 20/3721; AIR 20/3723; zu den Ausfällen in der deutschen Flugzeugindustrie siehe USSBS (US Strategic Bombing Survey) Aircraft Division Industry Report, Sept. 1944; zu den Versuchsangriffen der RAF siehe Herington. Zur Vorbereitung von Overlord siehe PRO London, AIR 20/3722. Das OKL brachte seine Verwunderung über die bisherige Schonung der deutschen Treibstoffindustrie am 14. April 1944 zum Ausdruck. (MA/DDR L02.13.20/1); siehe auch Groehler (1981), S. 426 f. sowie Groehler (1990), S. 222–228.

26 Zu den Angriffen auf die deutsche Rüstungswirtschaft

siehe Middlebrook, Craven/Cate und Harrison. Zur Feststellung von Churchill vom 25. Januar 1944 siehe Churchill, Bd. 5/2.

27 Zu den Angriffen der USAAF auf die deutsche Treibstoffindustrie siehe Girbig und Birkenfeld. Zu den erreichten Zerstörungen siehe Imperial War Museum London FD 4372/45. Zu den Einsatzdaten der USAAF siehe PRO London, AIR 40/353 und 40/376 sowie 40/378. In diesem Zusammenhang ist auch die Denkschrift Speers vom 28. Juli 1944 zu erwähnen, in der er über die zunehmend kritische Treibstofflage seit dem Beginn der alliierten Angriffe auf die Hydrierwerke berichtet. Die Erzeugung von Benzin ging demzufolge von 175 000 Tonnen im April 1944 auf 30 000 Tonnen im Juli zurück.

28 Angriffe auf Berlin: zu den Einsatzdaten des Bomber Command zwischen Januar und April 1945 siehe PRO London, AIR 14/905; Groehler (1982); Groehler (1990), S. 172 – 195; Girbig (1971) und Demps.

29 Zu den Angriffen der USAAF von März bis Dezember 1944 siehe PRO London, AIR 40/567–571, 583, 613, 629, 634, 705, 755 und 778. Zu den Angriffen der USAAF von Februar bis März 1945 siehe PRO London, AIR 40/801, 813, 826, 832; siehe auch USSBS Aircraft Division Industry Report 1945 und BA Koblenz R3/1890.

30 Zu den Evakuierungen im Herbst 1943 siehe Boberach (1968), Bd. 14; BA Koblenz R5/102 und R36/2651 sowie Groehler (1990), S. 264 – 282.

31 Angriffe mit den deutschen Raketenwaffen V1 und V2 siehe Groehler (1981), S. 447.

32 Zu den Angriffsabsichten mit Gas und Milzbrandbakterien siehe Groehler (1990), S. 330 – 334 sowie PRO London, PREM 3/89 und PRO London, PREM 3/65.

33 Zur Angriffsoperation Thunderclap siehe PRO London, AIR 20/4837. Zur strategischen Grundkonzeption der Operation: Groehler (1982), S. 62 (Dokument 7).

34 Denkschrift von Bufton: siehe PRO London, AIR 20/4837 sowie zu Thunderclap AIR 41/122.

35 Zu den Motiven der Attentäter und der Alliierten siehe Hamerow.

36 Zum Vorschlag von Cochrane vom 5. Oktober 1944 siehe Groehler (1982), S. 85 (Dokument 19). Zum Schreiben von Bennett (AIR 14/838) vom 3. November 1944 siehe Groehler (1982), S. 91 (Dokument 21).

37 Zum Angriff vom 3. Februar 1945 auf Berlin durch die USAAF siehe BA Koblenz R19/341 und PRO London, AIR 40/801 sowie Groehler (1982), S. 50 f. Bemerkenswert ist in diesem Zusammenhang auch der Befehl 207 des AIR MINISTRY vom 8. Februar 1945, der Vorgaben zur Bombardierung der Städte, die als nächste angegriffen werden sollten, enthält. Zu den Verlusten bei den Angriffen auf Berlin hat Goebbels in seinen Tagebucheintragungen vom 31. Januar 1945 Aussagen gemacht.

38 Die Angriffe der Mosquitos der RAF vom 3. Januar 1945 bis zum 21. April 1945 sind aufgeführt in Air 22/341; AIR CAB 63 bis 66 sowie bei Demps und bei Groehler (1982), S. 51 f.

39 Zu den Angriffen auf das Ruhrgebiet siehe PRO London, AIR 20/6524; zu den Angriffe auf Stuttgart siehe ZStA Potsdam, Nr. 4727; zum Angriff auf Darmstadt siehe Schmidt. Zum Angriff auf Stralsund siehe PRO London, AIR 40/756 und ZStA Potsdam Nr. 8241. Zum Zerstörungsgrad deutscher Städte siehe auch PRO London, AIR 14/1206.

40 (1990), S. 383 und Craven/Cate, Bd. 3.

41 Angriffe auf Magdeburg von Dezember 1943 bis April 1945: siehe PRO London, AIR 14/3131; 24/304; 25/95; 24/341 und 24/263; BA Koblenz R 24/31 sowie das Statistische Jahrbuch der Stadt Magdeburg von 1945 und 1946. Siehe auch Puhle.

42 Zu den unterschiedlichen Auffassungen über die Zielauswahl siehe Craven/Cate, Bd. 3 sowie PRO London, AIR 8/1020; 14/206; 20/3225.

43 Zur Einweisung der Flugzeugbesatzungen vor den Angriffen auf Dresden siehe Hastings sowie PRO London, AIR 24/307; 25/110; 40/802 f. Angriffe auf Dresden: siehe Bergander, sowie Groehler (1990), S. 400–414.

44 Angriffe auf Chemnitz siehe BA Koblenz R19/341, Richter sowie Groehler (1990), S. 422.

45 Kommentar von Saunders zitiert nach Saunders (Bd. 3). Kommentar von Associated Press: siehe Webster/Frankland, Bd. 4.

46 Zum Angriff auf Dessau siehe auch »Dessau ist nicht mehr«. Hrsg.. Stadtarchiv Dessau; MSB 31 und Harksen.

47 Angriff auf Swinemünde siehe Bericht von Axel Klatte (1995).

48 Angriff auf Nordhausen siehe PRO London, AIR 25/ 133; 24/315; siehe auch »Inferno Nordhausen«.

49 Angriff auf Halberstadt: siehe PRO London, AIR 40/ 839; siehe auch Hartmann.

50 Die Angriffsdaten der RAF siehe PRO London, AIR 24/315; Angriffe auf Plauen siehe Laser/Menzdorf/Richter.

51 Angriff auf Potsdam siehe PRO London, AIR 24/315 sowie CAB 120/301; siehe auch Mihan, sowie Groehler (1990), S. 436.

52 Zu den Übergriffen auf abgeschossene alliierte Flieger siehe auch Lang (S. 211); zur Weisung von Göring zur Stationierung alliierter Kriegsgefangener siehe Groehler (1990), S. 366.

53 Zu den zwangsweise nach Deutschland verbrachten Ausländern siehe auch Borsdorf/Jamin (S. 111). Im Zusammenhang mit der Debatte über die Entschädigung von Zwangsarbeitern wurde in den Medien über viele schwere Einzelschicksale und die zum Teil unmenschliche Behandlung von Zwangsarbeitern berichtet. Es gab wie immer auch Ausnahmen: Der vormalige russische Zwangsarbeiter Wladimir Prichodko bedankte sich in einem bewegenden offenen Brief, der am 30. Juni 1973 in der »Stuttgarter Zeitung« veröffentlicht wurde, ausdrücklich für die lebensrettende Hilfe, die ihm von vielen deutschen Arbeitern und Arbeiterinnen zuteil geworden sei, »die keine Angst hatten, in ein KZ gesteckt zu werden, sondern denen menschliche Hilfe ein Herzensgebot war«.

54 Zusammensetzung von Flakmannschaften siehe Vogt/ Brenne (S. 136).

55 Bleuel.

56 Obwohl Luftschutzkeller hinreichenden Schutz vor Brandbomben und Bombensplittern boten, konnten sie, im Fall von Volltreffern durch Luftminen und Sprengbomben auf das Haus, zu Massengräbern werden, da der Keller oft nicht mehr verlassen werden konnte. Man verabschiedete sich häufig voneinander mit dem makaberen Scherz »Bleibe übrig und pflege mein Grab«. Wohnungen in der Nähe von Bunkern waren »gesuchte Adressen«. Die Bunker reichten nur für einen sehr geringen Teil der Bevölkerung, die meisten mußten in den Hauskellern Schutz suchen. Für sie waren die Bunkerbauten, die der Parteiprominenz vorbehalten blieben, ein besonderes Ärgernis.

57 Bericht des Kölner Gauleiters Grohé: siehe Krause (S. 141).

58 Angaben zu Evakuierten siehe Wanderungsdiagramm der hauptsächlichen Evakuierungen in Gröhler (1990), S. 268 f. und 280 f. sowie allgemeine Angaben (S. 264 bis 283). Siehe auch zu den Aufnahmeverpflichtungen der Gaue BA Koblenz R 36/2697. Zu den Industrieverlagerungen siehe auch Groehler (1990), S. 284–292.

59 Neues Evakuierungskonzept vom Januar 1944: siehe ZStA Potsdam Nr. 10273.

60 Angaben zu den Aufgaben der Deutschen Reichsbahn bei der Evakuierung siehe BA Koblenz R 5/Anhang I/47.

61 Hochrechnung des Statistischen Reichsamtes siehe ZStA Potsdam, Nr. 3363.

62 Regelungen für die Kinderlandverschickung siehe BA Koblenz R 36/2596. Zahlen zur Kinderlandverschickung siehe Boberach (1982). Zu erwähnen sind die Schwierigkeiten bei der Rückkehr der Kinder bei Kriegsende. Häufig gerieten die Kinder in Kampfhandlungen, wurden beim Rückzug der deutschen Wehrmacht einfach übersehen, getrennt und mußten sich, so sie dazu in der Lage waren, auf einen wochen- oder sogar monatelangen Rückweg zu ihren Angehörigen begeben. Oft wußten diese längere Zeit nichts über den Verbleib ihrer Kinder.

63 Angaben zur Wohnungssituation nach dem Ersten Weltkrieg siehe Statistisches Reichsamt, Bericht zum Jahr 1930. Die Angaben über die Bautätigkeit im Wohnungs-

bau der Jahre 1933–1939 sind den jährlichen Ausgaben des Statistischen Jahrbuches für das Deutsche Reich entnommen. Siehe auch BA Koblenz R 41/358; Hohn (S. 146) sowie Groehler (1990), S. 254.

Zur Ernennung von Robert Ley zum »Wohnungskommissar« siehe BA Koblenz R18/5370. Die Behelfsheime des Wohnungshilfswerkes wurden im Volksmund »Leybuden« genannt. Zu den Wohnungsverlusten siehe BA Koblenz R 2/29917. Zu den Wohnraumverlusten deutscher Städte siehe auch Hohn (S. 141).

64 Zu den Befehlen Adolf Hitlers vom 18. und 19. März 1945 siehe auch Haffner (S. 180 f.).

65 Für die Debatte über Verantwortung und Schuld für die Entwicklung des uneingeschränkten Bombenkrieges ist eine »Botschaft« von Luftmarschall Harris an das deutsche Volk aufschlußreich, die 1942 verfaßt wurde und wohl der Auffassung, die er von seiner Aufgabe hatte, sehr nahe kommt. Darin heißt es u. a.: »Zehn Monate hindurch hat uns Eure Luftwaffe mit Bomben belegt. Zuerst bei Tage. Als wir das abgestellt hatten, kam sie bei Nacht. Ihr hattet damals eine starke Luftwaffe […] Zweiundneunzig Nächte hintereinander haben sie London gebombt; Coventry, Plymouth, Liverpool […] haben sie schwer angegriffen […] 43 000 britische Männer, Frauen und Kinder sind dabei ums Leben gekommen […] Jetzt sind die Rollen vertauscht, jetzt kommen nur ab und zu ein paar Maschinen zu uns; und wir bomben Deutschland nach Noten! Warum tun wir das? […] Wir bomben Deutschland, eine Stadt nach der anderen, immer schwerer, um Euch die Fortführung des Krieges unmöglich zu machen. Das ist unser Ziel. Wir werden es unerbittlich verfolgen […]

Laßt Euch von den Nazis mit ins Verderben reißen, wenn Ihr wollt. Das ist Eure Sache[…] Waren die Arbeiter der Flugzeugwerke von Coventry nicht auch Zivilbevölkerung wie die Arbeiter der Rostocker Flugzeugwerke und ihre Familien? Aber Hitler hat es so gewollt[…]

Es steht bei Euch, mit Krieg und Bomberei Schluß zu machen. Stürzt die Nazis und Ihr habt Frieden!« Vieles erinnert an den Text des Flugblattes, das über Kassel abgeworfen wurde.

66 Hastings, S. 306.

67 Zum Memorandum von Tedder siehe Webster/Frankland, Bd. 4. Die Meinung und Haltung von Harris dazu siehe PRO London, AIR 8/1020.

68 Zur Kritik des Bischofs von Chichester, George Bell, vom 9. Februar 1944 im britischen Oberhaus: siehe Parlamentary Debates; House of Lords, Bd. 130, London 1944 sowie Groehler (1990), S. 427.

69 Zur Feststellung Churchills vom 1. April 1945 und der Antwort von Portal vom 4. April 1945 siehe PRO London, AIR 20/3725.

70 Zu den Angriffen der Operation »Clarion« siehe PRO London, AIR 40/809 und 810; AIR 14/875 sowie Zentrales Archiv Potsdam Nr. 3568. Siehe auch Mehl.

71 Alliierte Angriffe auf deutsche Verkehrswege siehe USSBS Air Force »Rate of Operations« vom November 1945. Siehe auch Mehl; Groehler (1990), S. 449 sowie Schnatz (insbesondere zur Vorbereitung der Ardennenoffensive) und Wolf (S. 201).

72 Die Angaben zur Anzahl der Luftkriegstoten differieren sehr stark in der einschlägigen Literatur. Die Gründe hat Groehler (1990, S. 320) sehr ausführlich dargelegt. Seine Angaben (400 000 Tote) stimmen nahezu überein mit Boberach (1982), S. 113; mit Kurowski (S. 343) und mit Hohn (S. 51). Auf die Zahlen des Bundesamtes für Statistik (600 000 Tote) stützt sich Lang (S. 254). Letztlich ausschlaggebend für die Differenzen scheint die Zugrundelegung unterschiedlicher Territorialangaben zu sein. Zu prozentualen Verlusten deutscher Städte siehe Hohn (S. 52).

73 Zu den Angaben über Luftkriegstote in England und Frankreich siehe auch Kurowski (S. 344); die genannten Zahlen der Verluste alliierter Flugzeuge und Mitglieder der Luftstreitkräfte stimmen mit denen Piekalkiewiczs überein. In der weiteren Literatur werden allerdings die unterschiedlichsten Angaben gemacht; siehe z. B. Bergander (S. 323). Der »Daily Telegraph« hatte in einem

Artikel u. a. festgestellt, daß das Bomber Command mehr Männer verlor als die britische Armee im Ersten Weltkrieg an Offizieren.

74 Die Abwurfmengen sind von Hohn (S. 293) übernommen worden. Sie stimmen überein mit Paul (S. 413). Etwas abweichende Angaben hat Mihan (S. 29) gemacht.

75 Generalfeldmarschall Keitel, der Chef des OKW, der am 16. Oktober 1946 in Nürnberg hingerichtet wurde, hatte dazu während des Prozesses ausgeführt: »Schon seit dem Sommer 1944 führte Deutschland einen Krieg um Zeitgewinn, wobei es hoffte, daß in dem Krieg, an dem auf beiden Seiten verschiedene Staaten, verschiedene Heerführer, verschiedene Heere und verschiedene Flotten beteiligt waren, eine ganz unerwartete Änderung der Lage infolge von Kombinationen verschiedener Kräfte eintreten könnte. Wir führten also den Krieg in Erwartung von Ereignissen, die eintreten sollten, aber nicht eintraten[...]« Feldmarschall Erwin Rommel hingegen hatte am 17. Juni 1944 Hitler in einem Lagevortrag aufgefordert, angesichts der aussichtslosen Gesamtlage eine Beendigung des Krieges zu erwägen. Hitlers Antwort: »Kümmern Sie sich nicht um den Weitergang des Krieges, sondern um Ihre Invasionsfront!« Am 15. Juli 1944 sandte Rommel ein Fernschreiben an Hitler mit der Aufforderung, endlich Schlußfolgerungen zu ziehen (siehe Holmsten). Nach der Absendung hatte er seinem Stab erklärt: »[...]wenn er jetzt keine Schlußfolgerungen zieht, müssen wir handeln.« Er kam nicht mehr dazu, denn zwei Tage später wurde er bei einem Tieffliegerangriff schwer verwundet. Seine Aufgabe übernahm Feldmarschall Kluge, der am 17. August das Kommando an Feldmarschall Model abgeben mußte und sich daraufhin am 19. August das Leben nahm, weil ihm Kapitulationsbereitschaft unterstellt wurde. Nach dem Attentat auf Hitler am 20. Juli wurde Rommel der Mittäterschaft verdächtigt und am 14. Oktober 1944 zum Selbstmord getrieben. Wo aber blieben die anderen Marschälle, Armeechefs und Befehlshaber, die Befehlsgewalt über große Verbände hatten? War die Bedeutung des Eides auf Adolf Hitler tatsächlich so groß

oder war es am Ende doch nur persönliche Feigheit, die sie alle sich hinter der Eidformel verstecken ließ? Nach der Rückkehr von seinem letzten Besuch bei Hitler am 24. April 1945 in dessen Bunker in Berlin, erklärte Albert Speer einigen Feldmarschällen, darunter Kesselring, Manstein und Busch, daß er entschlossen sei, entgegen Hitlers ausdrücklichem Befehl die Sprengung der Hamburger Elbbrücken zu verhindern. Manstein und Busch waren entgeistert. »Entgegen dem Befehl des Führers«, so ihre Antwort, waren sie nicht bereit etwas derartiges zu akzeptieren. Kesselring weigerte sich, die Zerstörungsbefehle auch nur im Ansatz zu diskutieren (siehe Fest). Dabei hatten die sowjetischen Truppen am 22. April in Berlin Karlshorst, am 23. April Köpenick und am 24. April den Alexanderplatz erreicht. Am 25. April war die Einkreisung von Berlin abgeschlossen. Feldmarschall Jodl erklärte im März 1944 angesichts der bevorstehenden Invasion an der französischen Westküste einem Verbindungsoffizier des OKW zu Goebbels, daß der Krieg verloren sei, wenn den Alliierten die Landung gelänge (siehe Martin). Das hinderte ihn aber nicht daran, bis zum Schluß an Hitlers Seite zu stehen. Am 22. April versicherte er Goebbels, es sei möglich, die feindlichen Truppen aus Berlin zu vertreiben, man müsse nur die deutschen Truppen westlich von Berlin zur Verstärkung heranziehen. Am 13. Mai 1945 gab er folgende Stellungnahme ab: »[…]ich habe gearbeitet und geschwiegen […], obwohl mir der Unsinn, der befohlen wurde, oft unmöglich erschien. Seit Frühjahr 1942 wußte ich, daß wir den Krieg nicht gewinnen konnten[…]« Büßen mußte er am Ende für seine Haltung am Galgen. Natürlich hätten nur Kommandeure ein Wagnis auf sich nehmen können, die größeren Einheiten direkte Befehle erteilen konnten. Aber niemand von ihnen hatte den Mut, die Erkenntnis der Notwendigkeit, die Selbstüberwindung und die Fähigkeit dazu (siehe hierzu auch Messerschmidt).

Abkürzungen

Flak	Fliegerabwehr am Boden
NSDAP	Nationalsozialistische Deutsche Arbeiterpartei
NSV	Nationalsozialistische Volkswohlfahrt
OKW	Oberkommando der Wehrmacht
OKL	Oberkommando der Luftwaffe
PRO LONDON	Public Recorded Office LONDON
RAF	Royal Air Force
SD	Sicherheitsdienst der SS
SS	Schutzstaffel der NSDAP
USAAF	United States Army Air Force

Bildnachweis

Willi van Heeken, Fotoarchiv Ruhrlandmuseum Essen: Archiv-Nr. VH 10052 (S. 54), VH 10278 (S. 60), VH 10701 (S. 61), VH 10388 (S. 159), VH 10820 (S. 178).
Stadtarchiv Magdeburg: S. 90, 119, 123, 170, 181.
Olaf Gröhler, Geschichte des Luftkriegs, S. 42, 69, 70, 81, 82, 100, 142, 145, 152, 165, 192.